Meine erste Kampagne

Joseph W. Grant

Writat

Diese Ausgabe erschien im Jahr 2024

ISBN: 9789359949901

Herausgegeben von
Writat
E-Mail: info@writat.com

Inhalt

VORWORT.

Auf die ernsthafte Bitte vieler meiner Kameraden des Zwölften Rhode Island Volunteers hin bin ich veranlasst, diesen Bericht zu veröffentlichen, den ich mit sehr geringen Zusätzen oder Änderungen vollständig aus meinem privaten Tagebuch kopiert habe. Er wurde unter vielen widrigen Umständen während eines Feldzugs geschrieben, der ungewöhnliche Härten und Entbehrungen mit sich brachte. Die einzige Entschuldigung, die ich für die Veröffentlichung eines Werks dieser Art habe, ist die Hoffnung, dass er sich als nützliche Referenz für viele meiner Kameraden erweisen könnte, die es aufgrund der Natur des Feldzugs unmöglich fanden, Aufzeichnungen zu machen.

DIAMOND HILL, RI , August 1863.

KAPITEL I.

Am 16. September 1862 wurde der Autor dieser Erzählung ordnungsgemäß als Freiwilliger in den Dienst der Vereinigten Staaten einberufen und meldete sich am 22. desselben Monats zum Dienst in Camp Stevens, Providence, Rhode Island. An diesem Ort wurde das Zwölfte Regiment der Rhode Island Volunteers aufgestellt und in dieser Stadt am 13. Oktober 1862 für einen Zeitraum von neun Monaten in den Dienst der Vereinigten Staaten einberufen.

Als Mitglied dieses Regiments wurde Ihr Unterzeichner ordnungsgemäß gewählt und war vom 13. Oktober 1862 bis zum 29. Juli 1863 als JW Grant, Private, Kompanie F, Zwölftes Regiment Rhode Island Volunteers bekannt. Unser Regiment stand unter dem Kommando von Colonel George H. Browne und bis jetzt war uns noch kein Oberstleutnant oder Major zugeteilt worden. Die Kompanieoffiziere waren:

Kompanie A. —Captain, Edward S. Cheney; 1. Leutnant, ——; 2. Leutnant, John S. Roberts.

Kompanie B. – Captain James M. Longstreet, 1. Leutnant Oscar Lapham, 2. Leutnant Albert W. Delanah .

Kompanie C. — Captain James H. Allen; 1. Leutnant Jales Macharet , 2. Leutnant, Matthew M. Chappell.

Kompanie D. – Kapitän George C. Almy , 1. Leutnant William H. King, 2. Leutnant George H. Tabor.

Kompanie E. – Captain John J. Phillips, 1. Leutnant George F. Bicknell, 2. Leutnant Christopher H. Alexander.

Kompanie F. – Kapitän William E. Hubbard, 1. Leutnant George F. Lawton, 2. Leutnant George Bucklin.

Kompanie G. —Hauptmann,——; 1. Leutnant, William C. Rogers; 2. Leutnant, James Bowen.

Kompanie H. —Hauptmann, Oliver H. Perry; 1. Leutnant, ——; 2. Leutnant, Edward P. Butts, Jr.

Kompanie I. – Captain George A. Spink, 1. Leutnant Stephen M. Hopkins, 2. Leutnant Munson H. Najac .

Kompanie K. —Kapitän,——; 1. Leutnant, Edmund W. Fales ; 2. Leutnant, James M. Pendleton.

John L. Clark aus Cumberland wurde zum Quartiermeister und John Turner aus Bristol zum Adjutanten ernannt.

Am 21. Oktober um 18 Uhr formierte sich das Zwölfte Rhode Island Volunteers-Regiment zu seiner letzten Parade im Camp Stevens, und um 19 Uhr desselben Tages bestiegen wir die Autos und eilten auf unserem Weg *nach Washington* über New York und Baltimore.

Wir erreichten Groton um halb zehn, gingen dort an Bord des Dampfers Plymouth Rock und fuhren um elf den Sund hinunter.

Es war eine ziemlich unangenehme Nacht; der Wind wehte frisch aus Süd und trieb die Wolken in schweren Massen zusammen, und alles schien, als würde es sofort regnen. Bei Tagesanbruch drehte der Wind jedoch auf Nordwest, die Wolken begannen sich aufzulösen, und bei Sonnenaufgang war der Himmel vollkommen klar.

Gleich hinter Hurl Gate passierten wir den vor Anker liegenden Dampfer Great Eastern und konnten ihn so gut sehen, wie wir es uns nur wünschen konnten. Es scheint ein wunderschön modellierter Dampfer von enormer Größe und Kraft zu sein.

Wir kamen um acht Uhr morgens in Jersey City an. Wir gingen von der Plymouth Rock aus von Bord, gingen wieder an Bord des Dampfers Kill Von Hull und fuhren um zehn Uhr morgens in Richtung Elizabethport , wobei uns der Wind stürmisch direkt vor uns blies. Wir passierten Staten Island, das übrigens einer der schönsten Orte ist, die ich je gesehen habe. Das Land erhebt sich von der Bucht bis zu einer sehr großen Höhe und ist mit Hainen wunderschöner Bäume bedeckt, zwischen denen sich hier und da Häuser befinden. So wie Staten Island aussieht, muss es ein entzückender Ort sein. Als wir dicht am Ufer entlangfuhren, kamen die Leute aus den Häusern, um uns zu begrüßen, und schwenkten Fahnen und Taschentücher. In den Hainen und auf den Dächern sahen und hörten wir sie uns zujubeln. Wir kamen gegen zwölf Uhr in Elizabethport an . Ich denke, es ist ein Ort von einiger Bedeutung als Depot für den Kohletransport, da es in der Nähe von Eisenbahnen und Kais alle Annehmlichkeiten gibt. Es ist jedoch ein kleiner Ort, der außer im Zusammenhang mit dem Kohlenhandel nichts zu tun hat. Wir brachen um 15 Uhr von diesem Ort auf, *auf dem Weg* nach Baltimore über Harrisburg. Der Boden in Elizabethport und auf dem gesamten Weg durch New Jersey mit der Bahn nach Phillipsburg, Pennsylvania, besteht aus rötlich-braunem Lehm, und die ersten 25 Meilen hinter Elizabethport erscheint das Land ziemlich eintönig, eine weite Ebene mit hier und da einem Busch und ein paar Häusern, aber keinen guten Bauernhöfen. Die einzigen nennenswerten Obstbäume, die ich sah, waren Quitten; diese waren groß und viele von ihnen waren mit Früchten beladen. Ich würde annehmen, dass diese Straße durch den unfruchtbarsten Teil von Jersey führte, da ich keine Anzeichen von Sparsamkeit und Industrie sehen konnte.

Als wir Phillipsburg erreichten, kamen wir in eine wunderschöne Gegend voller Hügel und Täler, die mit Waldbäumen bedeckt war und hier und da einen ausgezeichneten Bauernhof hatte. Die Hügel sind hoch und glatt – auf der Oberfläche sind keine Felsen zu sehen – und bieten daher einige der schönsten Bedingungen für die Landwirtschaft, die ich je gesehen habe. Die Landschaft ist auf dieser Strecke durch ganz Pennsylvania am schönsten. Aufgrund der Unebenheit der Oberfläche in diesem Teil des Landes gibt es sehr häufige und ausgedehnte Eisenbahneinschnitte, von denen sich einige über eine Meile oder mehr erstrecken und so tief sind, dass wir die Oberseite des Abhangs vom Autofenster aus kaum sehen konnten. Die Straße führt auch zwangsläufig durch Schluchten, von denen einige 150 Fuß tief sind. Wir kamen um fünf Uhr nachmittags in Phillipsburg an, hielten die Züge an, füllten Feldflaschen und nahmen vier oder fünf Apfelbäumen zwei oder drei Scheffel Obst ab. Wir hielten bis nach Einbruch der Dunkelheit in Phillipsburg an, um Kohlezüge passieren zu lassen, da dies die Hauptverkehrsstraße ist, über die riesige Mengen Kohle aus den Kohlegebieten Pennsylvanias nach Elizabethport transportiert werden . Nachdem wir von Phillipsburg losgefahren waren, fuhren wir sehr langsam, hielten oft an und passierten häufig enorm lange Kohlezüge, die von leistungsstarken Lokomotiven gezogen wurden, wobei viele Züge mit zwei Lokomotiven bespannt waren.

Wir kamen am Mittwochabend um neun Uhr in Easton an. Hier sah ich zum ersten Mal Kanalboote fahren, die aneinander vorbeifuhren, und erfuhr, dass wir uns auf dem Schuylkill River befanden – und überquerten diesen wunderschönen Fluss gleich, nachdem wir diesen Ort verlassen hatten.

Nachdem wir Easton verlassen hatten, schliefen wir, so gut es ging, in den Waggons. Wir fuhren nachts durch Reading, waren am nächsten Morgen ganz in der Nähe und erreichten bei Sonnenaufgang Harrisburg, die Hauptstadt von Pennsylvania. Es ist kein sehr großer Ort, aber er ist angenehm gelegen, die Umgebung ist reich an schönen Landschaften. Wir hielten an diesem Ort, stiegen aus den Waggons, überquerten den Kanal und stellten uns in einer Reihe auf, riefen in den Straßen von Harrisburg die Rolle, stiegen sofort wieder in die Waggons – und nach einer Reihe von Vorwärts- und Rückwärtsrennen ins und aus dem Depot fuhren wir schließlich los und änderten die Richtung nach Baltimore. Die Brücke über den Susquehanna an dieser Stelle ist ein sehr schönes Bauwerk; ich schätze, sie ist fast eine Meile lang und überquert den Fluss in einer Höhe von fast siebzig Fuß über der Wasseroberfläche. Die Straße verlief über eine lange Strecke dicht am Fluss entlang und bot uns eine schöne Aussicht auf diesen berühmten Strom. Ich sah dem Zeitpunkt, als wir die Grenze nach Maryland überquerten, mit großer Spannung entgegen und erwartete, dass sich die Lage beim Betreten eines Sklavenstaates, nach dem, was ich gehört hatte, ziemlich ändern würde.

Wir überquerten die Grenze gegen zwölf Uhr, und ich war von der Erscheinung der Dinge angenehm enttäuscht. Statt einer großen Anzahl von Negern sah ich kaum einen. Die Häuser sind klein und billig gebaut, die meisten von ihnen, wie sie es tatsächlich auf dem ganzen Weg von New York sind, aber ich konnte keinen Unterschied bei den Menschen erkennen; alle, die ich auf der gesamten Strecke von New York sah, waren nicht so gut gekleidet oder sahen nicht so ordentlich aus wie in Neuengland. Die Landschaft war auf dem ganzen Weg nach Baltimore weiterhin wunderschön, und das Land scheint in jeder Hinsicht gut für landwirtschaftliche Betriebe geeignet zu sein. Ich sah ziemlich ausgedehnte Maisfelder in Maryland und Pennsylvania; der Mais wurde aus den Feldern herausgebracht, um dort geschält zu werden, der größte Teil, würde ich meinen, denn ich sah an vielen Stellen Männer, die damit beschäftigt waren, die Schalen abzustreifen und wegzutragen. Sie schaffen es, ihren Mais rechtzeitig zu ernten, um auf demselben Stück Getreide zu säen. Mehrere der Felder sind bereits vom Mais befreit, das Getreide ist gesät und bereits fünf bis sieben Zentimeter hoch. Für einen Neuenglander scheint es in diesen Staaten einen großen Mangel an Scheunen und anderen Nebengebäuden zu geben, aber bei den Ernten, die sie anbauen, sind sie vielleicht auch nicht notwendig.

Nachdem wir Harrisburg verlassen hatten, reisten wir sehr langsam weiter und hielten oft an, um Holz und Wasser zu holen, auch weil Züge an uns vorbeifuhren usw. Wir stellten fest, dass die Straße lange bevor wir Baltimore erreichten, streng bewacht war, und kamen an einer Kompanie nach der anderen vorbei, die Wache hielt und uns zujubelte, als wir vorbeifuhren. Wir tasteten uns vorwärts und kamen am Donnerstagabend, dem 23., gerade bei Einbruch der Dunkelheit in Baltimore an. Wir stiegen aus den Wagen, das Regiment wurde aufgestellt und wir zogen durch die Straßen der Stadt zu unserem Ruheplatz für die Nacht. Wir hielten am allgemeinen Treffpunkt für Soldaten lange genug an, um Erfrischungen zu uns zu nehmen, setzten uns hin, nahmen die Rucksäcke ab und begannen mit unserem Abendessen, das aus Kaffee, Weißbrot, Rindfleisch, Schinken, Zunge, saurer Kohlrübe usw. bestand. Wir nahmen die Rucksäcke ab und gingen von dort zum Depot, nahmen die Rucksäcke wieder ab und schlugen unser Nachtlager auf dem Boden des Depots auf. Am 24. schlugen um 6 Uhr morgens die Trommeln zum Appell; fiel aus *dem Bett* – das Regiment war formiert und wir gingen zum Frühstück an denselben Ort, an dem wir am Abend zuvor zu Abend gegessen hatten, nur ein kurzes Stück vom Depot entfernt. Nach dem Frühstück marschierten wir zurück, stellten uns vor dem Depot in einer Linie auf, ruhten uns dort bis 10 Uhr aus und marschierten dann durch die Hauptstraßen der Stadt; besuchten das Washington Monument, ein wunderschönes Bauwerk aus weißem Marmor, überragt von einer Statue des *Großen Häuptlings* . Wir machten Halt, um uns rund um den Sockel auszuruhen; marschierten dann zurück, besuchten das Denkmal, das zum Gedenken an die 1812 bei Fort McHenry Gefallenen errichtet wurde, und stellten uns an unserem Ausgangspunkt in einer Linie auf, um zu warten und die Wagen nach Washington zu nehmen. Baltimore ist wirklich ein schöner Ort – kein Wunder, dass die Rebellen uns darum beneiden. Ich habe in dieser Monumentalstadt einige großartige Gebäude gesehen.

Schließlich stiegen wir in die Autos und fuhren um fünf Uhr nachmittags nach Washington. Kurz vor Einbruch der Dunkelheit passierten wir die „Relaisstation", wo das Achte Regiment von Massachusetts 1861 lagerte. Wir kamen an Posten nach Posten vorbei, die die Straße bewachten und deren Lagerfeuer brannten und uns beim Vorbeifahren Licht spendeten, und erreichten schließlich um elf Uhr abends die große Hauptstadt. Wir gingen sofort zu unseren Quartieren, nahmen unsere Rucksäcke ab, marschierten dann etwa vierzig Ruten zum „Soldiers' Retreat", wo wir zu Abend aßen; dann marschierten wir zu unseren Quartieren und gingen um ein Uhr nachts schlafen. Um halb sieben standen wir auf, um uns umzusehen. Es war in der Tat ein angenehmer Morgen, die Sonne schien hell und alles deutete auf einen angenehmen Tag hin. Das erste Objekt, das mir ins Auge fiel, war das Kapitol, nicht mehr als eine Viertelmeile entfernt. Es ist noch nicht fertig, aber der Fertigstellung näher, als ich nach dem, was ich gehört hatte, angenommen hatte. Um neun Uhr morgens ging ich mit ein paar anderen hinein, blieb eine Weile in der Rotunde stehen, um mir die Gemälde anzusehen, und stieg dann eine Marmortreppe hinauf, die in den rechten Flügel des Gebäudes führte, um einen Blick auf das Repräsentantenhaus zu werfen. Wir gingen durch Eingänge und an Empfangsräumen vorbei, deren Böden aus „Steinmosaik" bestanden und allem Anschein nach wie schöne Teppiche aussahen. Die Decke über uns wurde von Marmorsäulen von exquisitem Design und exquisiter Verarbeitung getragen, die sich direkt innerhalb von Nischen in den Wänden befanden. Das „Repräsentantenhaus" ist ein prächtiger Raum, den ich überhaupt nicht beschreiben kann. Von dort gingen wir zur Rotunde und betraten den linken Flügel des Gebäudes über eine Treppe, die der Treppe entsprach, die wir gerade verlassen hatten. Die Ausführung war entlang des gesamten Ganges dieselbe wie auf dem Gang, der zum Repräsentantenhaus im anderen Flügel führte. Dieser Gang führt zum „Senatssaal". Dieser Raum unterscheidet sich etwas von dem des Repräsentantenhauses, sieht aber in seiner Gesamtheit schlichter aus. Die Säulen, die die Galerien und die Decke stützen, sind sehr zahlreich und bestehen aus ägyptischem Marmor oder etwas Ähnlichem. Die Wände und Gewölbe sind mit Fresken von großer Schönheit und Vielfalt bedeckt. Wir hatten nur kurze Zeit, um diesen Ort zu besuchen, und haben daher nur einen kleinen Teil davon gesehen. Ich hatte verstanden, dass die Stadt abgesehen vom Kapitol ein erbärmlicher Ort wäre. Ich sehe das nicht so. Es gibt sicherlich viel zu tun – vieles ist noch unvollendet –, aber es ist sicherlich mehr ein Ort, als man es sich vorgestellt hat. In ein paar Jahren wird dies eine schöne Stadt sein; der gegenwärtige Krieg beginnt bereits, ihr zuzusetzen. Die Geschäfte, die hier notwendigerweise getätigt werden, um diesen Krieg fortzusetzen, schaffen einen Anreiz; es werden Gebäude gebaut, Verbesserungen vorgenommen und Männer mit echtem Geschäftstalent werden ermutigt, hierher zu kommen. Der Ball ist ins Rollen gebracht, und dieser Ort wird in ein paar Jahren ein ganz anderes Aussehen haben als jetzt.

Ich hatte gehofft, wir könnten zwei oder drei Tage in Washington bleiben, wurde aber enttäuscht. Am Samstag, dem 25., stellten wir uns um elf Uhr in einer Linie auf, passierten das Kapitol, gingen die Pennsylvania Avenue hinunter, bogen nach rechts in Richtung Long Bridge ab, passierten das Washington Monument, ließen es links von uns liegen und stellten uns gegenüber dem Hauptquartier von General Casey auf, dessen Division wir zugeteilt waren, gaben ihm drei herzliche Hurrarufe und fuhren um zwölf Uhr weiter nach Long Bridge und nach *Dixie*.

Der Potomac ist an dieser Stelle, außer im Kanal, sehr breit und seicht. Er sieht aus wie die Ebenen an der Küste, das Wasser war zum Zeitpunkt unserer Überquerung nur etwa 15 cm tief und hatte einen glatten, schlammigen Boden, der mit Unkraut usw. bedeckt war. Nach der Überquerung fuhren wir etwa eine Meile einen Hügel hinauf und machten auf einer Ebene Halt. Es war ein ziemlich warmer, staubiger Tag, und eine Pause zu dieser Zeit war uns sehr angenehm. Wir machten eine halbe Stunde Pause, fuhren weiter, fuhren etwa eine Meile weiter, bogen nach rechts ab und schlugen unser Lager auf einer Anhöhe in Sichtweite der Kuppel des Kapitols auf. Wir schlugen unsere Zelte am Samstagabend auf, gerade rechtzeitig, um uns vor dem Regen zu schützen, der am nächsten Tag (Sonntag, der 26.) in Strömen zu strömen begann und Tag und Nacht anhielt.

Sonntagnacht waren 22 Personen in unserem Zelt; zwei von ihnen schliefen direkt in der Mitte des Zelts, direkt unter der „Kappe". Diese „Kappe" ist ein rundes Stück Stoff (typisch für das „Sibley-Zelt"), das raffiniert zur Belüftung konstruiert wurde. Es lässt sich mithilfe von Seilen, die an der Außenseite hängen, leicht bewegen und die Öffnung, die es abdeckt, kann je nach Wunsch der Bewohner vergrößert oder verkleinert werden. Zufällig kam in der Nacht ein Sturm auf, und die „Kappe", die nicht richtig befestigt war, wurde weggeweht, und der Regen fiel auf T——n und J——s, die am Morgen in einem ziemlich heruntergekommenen Zustand herauskamen.

Am Montag, dem 27., legte sich der Sturm; mittags kam die Sonne heraus; wir trockneten unsere Decken und am Dienstag, dem 28., bauten wir unsere Zelte in der gewohnten Reihenfolge wieder auf.

Am Sonntag, dem 2. November, erhielten wir den Befehl zum Aufbruch. Wir packten unsere Rucksäcke und verabschiedeten uns um elf Uhr morgens von „Camp Chase", marschierten auf die Straße, bogen nach rechts ab, gingen einen Hügel hinauf und weiter in Richtung Fairfax. Um zwölf Uhr morgens passierten wir die Seminargebäude. Diese Gebäude, von denen im Zusammenhang mit dieser Rebellion so oft die Rede ist, sind aus Ziegelsteinen gebaut und haben einen gewissen Anspruch auf Schönheit in ihrer Architektur. Mit dem Hauptgebäude verbunden ist ein schöner Turm, von dessen Spitze aus man das Land viele Meilen weit sehen kann. Auf einer Anhöhe und fast verborgen durch den dichten Baumhain, der sie umgibt, stehen sie und sind für alle, die mit der Geschichte dieses Krieges vertraut sind, von Interesse. Sechs Meilen nördlich von hier und teilweise sichtbar liegt die Hauptstadt, von wo aus man den Lauf des Potomac viele Meilen weit erkennen kann, wie er sich nach Süden und Osten von uns wegbewegt.

Wir verließen diesen Ort, stiegen einen Hügel hinab und passierten den Common, der ein kurzes Stück südöstlich des Seminars liegt. Dieser Common wird jetzt als Begräbnisstätte für Soldaten genutzt. Auf jedem Grab ist eine hübsche Holzplatte mit dem Namen des Verstorbenen, dem Regiment und der Kompanie, zu der er gehörte, darauf gemalt. Wir gingen eine halbe Meile weiter, zogen nach rechts einen steilen Hügel hinauf und errichteten um zwei Uhr nachmittags erneut unser Lager und schlugen unsere Zelte oben auf, auf einer ebenen Fläche direkt zwischen zwei großen Häusern, deren Besitzer jetzt in der Rebellenarmee sind, nachdem sie diese schöne Lage unseren Truppen überlassen und ihre Häuser als Krankenhäuser zur Versorgung unserer kranken und verwundeten Soldaten genutzt haben. Die Straße vom „Fairfax Seminary" verlief dicht an der Seite des Hügels entlang, unser Lager war nach Osten ausgerichtet. Die Stadt Alexandria liegt anderthalb Meilen östlich von uns und ist teilweise sichtbar. Die große Straße von Alexandria nach „Fairfax Court House" und Manassas verlief in Ost-West-Richtung an unserem Lager vorbei, nicht mehr als fünfzig Ruten südlich von uns, im rechten Winkel zu der Straße, die von Norden her kam und mit ihr verband. Diese Straße war gesäumt von Krankenwagen, Gepäckwagen usw., die von und nach Alexandria, Fairfax Court House und Manassas fuhren , in deren Nähe zu dieser Zeit ein Teil unserer Armee lagerte. Die Eisenbahn von Alexandria nach Manassas lag eine halbe Meile südlich von uns im Tal und verlief zwei Meilen parallel zur Wagenstraße – dann verlief sie weiter nach Süden, als sie die Hügel dahinter erklomm. Die Züge fuhren Tag und Nacht und brachten unserer Armee Verstärkung und Vorräte. Diese Straßen waren drei oder vier Meilen lang von unserem Lager aus gut zu sehen. Wir konnten die Züge sehen, als sie von Alexandria losfuhren, und konnten sie beobachten, wie sie ihre Reise weit westlich von uns fortsetzten. Der ebene Platz auf der Spitze dieses Hügels bedeckt eine Fläche von vielleicht sechs oder sieben Morgen und hat eine unregelmäßige Form. Unsere Zelte waren an der südlichen Spitze aufgeschlagen und die Zelte eines anderen Regiments im nördlichen Teil des

Geländes, auf einer Höhe von vielleicht zweihundert Fuß über dem Pegel des Potomac, der in voller Sicht von uns entlangfließt.

Auf der anderen Seite eines tiefen Tals im Nordwesten und etwa eine halbe Meile entfernt lag Fort Worth, und südlich dieses Forts, an der Wagenstraße, befanden sich „Cloud's Mills", von denen während dieser Rebellion so oft gesprochen wurde.

Der Abstieg des Hügels nach Süden und Westen war sehr steil. Seine Seite war mit Quellen übersät, die uns reichlich Wasser lieferten; und unten im Tal, im Westen, floss ein schöner Bach nach Süden, der aus einer Quelle am Fuße des Hügels südlich der Seminargebäude entsprang. Das Seminar, Fort Worth und unser Lager lagen alle auf ungefähr derselben Höhe und bildeten einen halben Kreis – das Seminar im Norden, unser Lager im Südosten und Fort Worth im Südwesten. Wenn man die Umgebung und die mit der Situation verbundenen Assoziationen berücksichtigt, glaube ich, dass wir keinen angenehmeren oder interessanteren Ort für unser Lager hätten wählen können.

Montag, der 3. November, der Tag nach dem Aufbau unseres Lagers, packten wir unsere Brotbeutel und machten unsere ersten Erfahrungen im Wachdienst, wobei unsere Kompanie und die Kompanie G zu diesem Zweck abkommandiert wurden. Um halb neun marschierten wir den Hügel hinunter, bogen nach rechts ab, auf die Straße nach Manassas, passierten „Cloud's Mills" um neun Uhr morgens und fuhren weiter bis zu „Bailey's Cross Roads", einem Ort, der uns allen in der Geschichte dieses Krieges vertraut geworden ist. An diesem Ort hielten wir an und richteten unsere Quartiere ein, wobei wir unsere Wachposten entlang der Straße postierten. Wir hatten Glück, dass wir während unseres Dienstes angenehmes Wetter hatten.

Am nächsten Tag stellte sich die Reserve um elf Uhr morgens in einer Linie auf, um die „Neue Garde" in Empfang zu nehmen, und um zwölf Uhr machten wir uns auf den Weg zum Lager. Nach einer halben Meile hielten wir an und feuerten unsere Geschütze ab, die schwer mit Kugeln und Schrot geladen waren. Um zwei Uhr nachmittags kamen wir wieder im Lager an und brachten zwei Gefangene mit, die sich übrigens als loyale Soldaten ohne Pässe erwiesen.

Unser Lager hieß „ Camp Casey, in der Nähe des Fairfax Seminary", und wir hatten mit drei anderen Regimentern dicht beieinander unser Lager aufgeschlagen, das früher die erste Brigade von General Caseys Division war, die von Colonel Wright, dem amtierenden Brigadegeneral, kommandiert wurde. Unser Regiment war mit Exerzieren, Frondienst, Wachdienst und Wachdienst beschäftigt, was uns alle beschäftigte. Fünfzig Mann aus unserem Regiment wurden am 7. November zum Frondienst in Fort Blenker abkommandiert , wo sie gruben, schaufelten usw. Die Jungen, die loszogen, kamen um 10 Uhr morgens zurück, angespült von dem Sturm, der dort tobte. Am 6. begann es zu stürmen, und am nächsten Tag um 10 Uhr morgens hatte es seinen Höhepunkt in einem altmodischen Schneesturm in Neuengland erreicht. Der Wind war stürmisch, die Luft sehr kalt, und der Schnee, der um uns herumwirbelte, machte unsere Lage sehr unbequem, besonders für diejenigen, die Wache hielten und seiner Wut ausgesetzt waren. B. war der einzige von DH, der zufällig Wache hatte, außer WS, der sich freiwillig bereit erklärte, für 1,25 Dollar den Platz eines anderen Mannes einzunehmen. Ich glaube, er hat sein Geld verdient.

KAPITEL II.

Der Schneesturm vom 7. November kam völlig unerwartet über uns und ließ uns glauben, wir seien in die falsche Richtung gereist und hätten uns statt in „Dixie" dem Nordpol genähert und befänden uns bereits in unmittelbarer Nähe. Im Lager sah man einige schiefe Gesichter, obwohl die meisten über dieses unerwartete Ereignis amüsiert schienen und untereinander Witze über die Idee machten, in Virginia Schneebälle zu machen, bevor die Rhode Islander das notwendige Material bekommen konnten – „Anwerbung unter falschen Vorwänden " usw.

Vom 8. bis zum 12. November geschah nichts Ungewöhnliches, da unsere Zeit mit Übungen und anderen notwendigen Pflichten im Zusammenhang mit dem Lagerleben ausgefüllt war. Am 13. November wurde das gesamte Regiment angewiesen, sich am nächsten Morgen mit zwei Tagesrationen zum Wachdienst bereitzuhalten. Der Himmel in der Nacht des 12. war bedrohlich, und wir konnten uns bereits in Gedanken die Unannehmlichkeiten dieses Dienstes bei einem Sturm vorstellen, da wir keinen anderen Schutz hatten als das breite Himmelszelt, abgesehen vielleicht von einem kümmerlichen Gebüsch, das in der Tat nur wenig Schutz vor dem erbarmungslosen Sturm bot.

Der Morgen des 13. kam; das Trommeln um sechs Uhr weckte viele schläfrige Soldaten des Zwölften von ihrem bescheidenen Lager und unterbrach viele angenehme Träume von zu Hause, um sie für die harte Realität anderer Pflichten und Verbindungen zu wecken. Es regnete tatsächlich in der Nacht, was sich für uns als Vorteil erwies, da es gerade genug regnete, um den Staub zu legen. Der Morgen brach mit der Zuversicht eines angenehmen Tages an. Mit fröhlichen Herzen und willigen Händen begannen wir mit unseren Vorbereitungen. Wir frühstückten zur üblichen Zeit um halb acht, füllten unsere Brotbeutel mit Rindfleisch und harten Crackern, unsere Feldflaschen mit Wasser, schnallten unsere Decken um uns, schnallten unsere Ausrüstung um und stellten uns um acht Uhr in der Company Street in einer Linie auf, und um halb neun passierten die verschiedenen Kompanien General Wrights Hauptquartier. Das Regiment formierte sich zur „Wachaufstellung" direkt vor seiner Residenz, führte die Manöver durch , hörte der Musik der Brigadekapelle zu (die übrigens hervorragend vortrug), und um Viertel vor neun marschierten wir auf die Straße, schlugen die Richtung Fairfax Court House ein und machten uns auf den Weg. Alles war günstig; eine kühle Brise aus Nordwesten trug zu unserem Komfort bei, während wir „weitermarschierten". Wir wurden von fast allen unseren Offizieren begleitet, einige blieben wie üblich zurück, um unser Lager zu schützen. Nachdem wir Cloud's Mills passiert und den Hügel dahinter hinaufgestiegen waren, machten wir Halt und das Regiment wurde in Gruppen von 108 einfachen Soldaten aufgeteilt, wobei jede Division von ihren jeweiligen Offizieren kommandiert wurde. Diese Divisionen werden „Unterstützungen" genannt und mit erster, zweiter, dritter usw. nummeriert.

Sobald unsere „Unterstützung" gebildet war, setzten wir unseren Marsch fort. Wir passierten die Straße, die zu Bailey's Cross Roads führte, blieben auf der direkten Straße zum Fairfa x Court House, etwa eine Meile hinter dieser Abzweigung, bogen dann nach links ab, betraten den Wald, folgten etwa eine halbe Meile einem Karrenweg und waren um elf Uhr morgens am Ende unserer Reise angelangt. Es gab viele gute Unterstände, wo wir unser Lager aufschlagen sollten, die bereits von denen errichtet worden waren, die vor uns dort waren, und die vom 27. New Jersey-Regiment, das uns bei unserer Ankunft empfing, gerne geräumt wurden. Unsere „Unterstützung" wurde sofort in drei „Ablösungen" zu je 36 Mann aufgeteilt. Jede „Ablösung" sollte vier Stunden bleiben, die erste wurde dann von der zweiten abgelöst usw., so dass jede „Ablösung" am allgemeinen Treffpunkt acht Stunden Ruhe hatte. Die „Ablösungen" waren in zwei Reihen angeordnet und von rechts nach links nummeriert, sodass sich jeder Mann die ihm zugewiesene Nummer merken und sich bei Aufforderung entsprechend in die Reihen einreihen konnte. Ich befand mich in der ersten „Ablösung", Nummer 21, bewaffnet und ausgerüstet, wie es das Gesetz vorschreibt.

Sobald unsere „Ablösung" gebildet war, machten wir uns auf den Weg zu unseren Posten, marschierten zurück zur Straße, die wir gerade verlassen hatten, gingen eine halbe Meile weiter und stießen auf Posten Nr. 1. Dieser Posten lag an der Hauptstraße und in der Nähe der Ruinen eines einst großen Gebäudes, das wahrscheinlich seit Kriegsbeginn zerstört wurde und von dem heute nur noch eine Masse aus Ziegeln und Steinen übrig ist. Nachdem wir diesen Posten abgelöst hatten, verließen wir die Straße, die hier fast von Ost nach West verläuft, und marschierten über die Felder nach Süden zu Posten Nr. 2.

Die Posten waren etwa dreißig Ruten voneinander entfernt; auf jedem Posten waren drei Männer stationiert, und ein Sergeant oder Korporal war für jeweils drei Posten verantwortlich. Die ersten drei Männer, die in den Reihen vor dem Aufbruch vom Treffpunkt nummeriert wurden, sollten den ersten Posten einnehmen, die nächsten drei den zweiten usw. Der Befehl lautete, dass ein Mann am Posten bleiben sollte, während die anderen beiden in entgegengesetzter Richtung eine gewisse Distanz zum Posten und wieder weg gehen sollten, oder vielleicht auch weiter, wenn der Wachposten der angrenzenden Posten ihn am Ende seines Reviers nicht treffen sollte, um so die Kommunikation über die gesamte Linie aufrechtzuerhalten. Die Männer sollten ihre Gewehre geladen und die Bajonette aufgepflanzt haben, mit der besonderen Anweisung, wachsam zu sein, kein Feuer zu machen, keine

Streichhölzer anzuzünden, nicht zu rauchen und sich nicht laut zu unterhalten.

Die Postenkette verlief fast von Norden nach Süden, wobei die erste „Unterstützung" auf der rechten Seite der Linie lag, in der Nähe von Bailey's Cross Roads begann und mit der zweiten „Unterstützung" am Posten Nr. 1 verbunden war. Die Linie unserer „Unterstützung" verlief von der Hauptstraße in Richtung Eisenbahn, wobei die Entfernung zwischen beiden an dieser Stelle etwa anderthalb Meilen betrug, wobei unsere „Unterstützung" zwei Drittel des Weges bis zur Eisenbahn zurücklegte, um sich dort mit der dritten zu verbinden, und so weiter bis zur letzten „Unterstützung", wobei unser Regiment eine mehrere Meilen lange Linie bewachte. Unser Weg führte über ebene Flächen, Hügel hinauf und hinunter, die so steil waren wie ein Hausdach, an Seitenhügeln entlang , wo wir mit größter Vorsicht das Gleichgewicht halten mussten, durch dichtes Gestrüpp und Dornengestrüpp und über jedes erdenkliche Hindernis in Form von Baumstümpfen, Steinen, Sümpfen usw. Der Ort, der mir zufiel, um die nächsten 48 Stunden bei der Bewachung zu helfen, war Posten Nr. 7, direkt am Rand eines Wäldchens kleiner immergrüner Bäume, an der Seite eines Hügels, mit Blick auf das, was einst ein großer Bauernhof gewesen sein musste, in einem Tal, das sich nach Süden öffnete und an drei Seiten von Wäldern umgeben war. Unser Posten befand sich auf der Ostseite dieser Lichtung; der Hügel auf der gegenüberliegenden Seite, der sich auf etwa dieselbe Höhe erhob, war mit dichtem Baumbestand bedeckt und bot Scharfschützen einen guten Schutz, falls sie zufällig in der Nähe gewesen wären und uns belästigen wollten. Die Entfernung über diese Lichtung betrug etwa eine Drittelmeile, eine gute Distanz für Schießübungen.

Diese Lichtung war vielleicht fünfzig Ruten breit und fast eine Drittelmeile lang. Sie grenzte im Norden an einen Sumpf und öffnete sich im Süden zu einer riesigen Moorebene, auf der sich hier und da ein Haufen verkrüppelter Bäume oder Büsche befand. Aus diesem Sumpf entspringt ein ziemlich großer Bach, der die gesamte Länge der Farm durchfließt und in einen größeren Bach mündet, der in den Potomac fließt, entlang des Tals, durch das die Eisenbahn von Alexandria nach Manassas führt. Die Ruinen eines großen Bauernhauses lagen im Tal links von uns. Ich werde eine Beschreibung des „Reviers" nicht auslassen, über das Ihr ergebener Diener Wache hielt und es bewachte, bis ihm jeder Fuß des Bodens vertraut war. Der Pfad neben dieser Lichtung war erst vor kurzem gegraben worden, ohne große Rücksicht auf die Bequemlichkeit des Gehens oder die Gefahr für Leib und Leben. Die Stümpfe ragten ausnahmslos drei bis sechs Zoll aus dem Boden und erforderten von uns äußerste Vorsicht, besonders nachts. Oder wir hatten das Privileg, wenn wir wollten, die Schärfe dieser Stümpfe an verschiedenen Körperteilen oder die Härte unserer Köpfe an den Bäumen am Wegesrand auszuprobieren. Stolper- und Sturzversuche werden bei Ihrem ergebenen Diener wahrscheinlich nicht auf Zustimmung stoßen.

Wir hatten großes Glück, dass wir für diesen Einsatz wieder angenehmes Wetter hatten. Wir nahmen unsere Posten um zwölf ein, wickelten unsere Decken, Brotbeutel und Feldflaschen ab und luden unsere Waffen. Wir wurden um vier Uhr abgelöst und kamen rechtzeitig am Treffpunkt an, um vor Einbruch der Dunkelheit unseren Kaffee zu kochen, unser Abendessen zu essen, unsere Decken auszubreiten und uns schlafen zu legen.

Wir schliefen tief und fest und marschierten um Mitternacht, als wir wieder gerufen wurden, zu unseren Posten, um dort bis vier Uhr zu bleiben. Die Nacht war warm und angenehm; der Mond ging gerade auf, als wir unsere Posten einnahmen, was unsere Aufgabe viel einfacher machte; unsere vier Stunden vergingen schnell, wir wurden wieder abgelöst und waren um halb fünf wieder am Treffpunkt. Wir hatten vorgehabt, vor dem Frühstück noch ein Nickerchen zu machen, und machten uns gerade bereit, uns schlafen zu legen, als wir befohlen wurden, uns in einer Linie aufzustellen und bis zum Sonnenaufgang zu stehen. Unser Oberst stellte es als notwendig dar, um uns vor Überraschungen zu schützen; da der Feind normalerweise zu dieser Stunde angreift – eine Wachsamkeit, die in der Nähe des Feindes sehr zu loben ist, aber da unsere Wache nur als Wache wichtig war, um Deserteure und Nachzügler unserer Armee vorn abzufangen, konnten wir mit unseren schläfrigen Augen den *Sinn nicht erkennen* . Viele der Männer hielten es, ohne viel Respekt vor der Meinung unseres tapferen Obersts zu haben, einfach für lächerlich; einige fluchten, andere lachten und scherzten. Ich bedauerte den Verlust meines Mittagsschlafes nicht, denn ich wurde reichlich belohnt, indem ich den Witzeleien der Gruppe zuhörte. Endlich brach der Morgen an und wir waren erleichtert. Wir entzündeten unsere Feuer erneut, kochten unseren Kaffee und nach dem Frühstück legten sich einige von uns schlafen; andere spielten Karten oder unterhielten sich, wie es ihnen beliebt, bis wir um zwölf wieder unsere Posten einnahmen. Das Wetter blieb schön und wir verbrachten die Zeit angenehm.

Eine weitere Nacht verging; ein weiterer angenehmer Tag begann, und im Zusammenhang mit unseren Pflichten geschah nichts Besonderes, außer einem Besuch von General Casey, der in Begleitung seines Stabes auf Inspektionstour die Linie entlangritt. Am 15. um elf Uhr morgens stellten wir uns in einer Linie auf, um die neue Wache zu empfangen, und um zwölf Uhr war unsere letzte Ablösung da, und wir machten uns auf den Weg zum Lager. Wir erreichten es gegen zwei Uhr nachmittags, alle in guter Stimmung; unser Abendessen, bestehend aus Suppe und heißem Kaffee, wartete auf uns, dem wir sofort unseren Respekt erwiesen.

Am nächsten Morgen, Sonntag, dem 16., reinigten wir unsere Musketen, bürsteten unsere Kleidung und besuchten um elf Uhr morgens den Gottesdienst. Der Kaplan hielt eine Predigt auf den Stufen des Gebäudes, das im Norden an unser Lager angrenzt, während sich das Regiment auf dem Rasen davor formierte. Dieses Gebäude ist sehr groß und wird jetzt vom Oberst genutzt, der dort sein Quartier bezogen hat. Das Postamt, das Krankenhaus und die Quartiermeisterabteilung befinden sich im selben Gebäude, was unserem Feld und unserem Personal viel Platz und gute Unterbringungsmöglichkeiten bietet.

Montag, der 17., war nicht so angenehm; ein ziemlich starker Wind aus Südwest, bewölkt und neblig, was das Ausrücken und Exerzieren ziemlich schwierig machte. Dienstag, der 18., war ein genaues Muster des 17.; dichter Nebel, gerade genug, um es unangenehm zu machen; es wurde jedoch den ganzen Tag exerziert und bei der Parade wurde der Befehl gegeben, am nächsten Morgen bereit zu sein, um nach Fort Albany zu marschieren, wo General Casey die Truppen inspizieren würde.

Der Wind wehte die ganze Nacht über weiterhin stark aus Süd, und am nächsten Morgen zogen schwere schwarze Wolken auf, die deutliche Anzeichen eines nassen Tages zeigten. Um acht Uhr formierte sich die Kompanie auf der Straße und marschierte zum Exerzierplatz. Das Regiment wurde formiert, und um halb neun marschierte es auf die Straße und begann unsere Reise. Wir hielten gegenüber dem Hauptquartier von General Wright an, damit die anderen Regimenter ihre Aufstellung einnehmen konnten, da es sich um eine Parade der gesamten Brigade handelte.

Um Viertel vor neun rückte das Fünfte Connecticut-Gebiet vor, das Dreizehnte New Hampshire formierte sich im Rücken, und wir brachen auf. Nachdem wir zwei Meilen zurückgelegt hatten, wurde der Befehl aufgehoben, und wir eilten gerade rechtzeitig zurück, um einem strömenden Regen zu entgehen, der unmittelbar nach unserer Ankunft im Lager in Strömen niederprasselte. Da die Regierung uns mit Öfen und reichlich Holz ausgestattet hatte, blieben wir in unseren Zelten und machten es uns gemütlich.

Am nächsten Tag, dem 21., waren wir wieder an der Reihe, Wache zu halten. Da uns eines der Regimenter unserer Brigade, das 27. New Jersey, abgenommen worden war, kamen wir zwei Tage früher an die Reihe, als wir es bei unserem letzten Einsatz erwartet hatten. Es regnete den ganzen Nachmittag weiter, und gegen Abend drehte der Wind, der aus dem Süden geweht hatte, gegen unseren Willen auf Nordost, und es regnete die ganze Nacht weiter. Am Morgen stellten wir fest, dass der Wind auf Nord gedreht hatte, der Regen fast aufgehört hatte, und um acht Uhr stand unser Regiment in Linie und um halb neun marschierte es los. Um elf Uhr morgens war der

Himmel klar, und das 12. Rhode Island Volunteers-Regiment hatte wieder schönes Wetter. Während die anderen Regimenter unserer Brigade mit Stürmen und schlechtem Wetter zu kämpfen hatten, kam das 12. bei seinem Wachedienst bisher davon. Da ich selbst etwas zu tun hatte, blieb ich diesmal im Lager und begleitete das Regiment nicht. Am Samstag, dem 22., war es sehr warm und angenehm; aber am Sonntag, dem 23., war der Himmel teilweise mit Wolken bedeckt, die Luft war rau und kühl und der Wind wehte stürmisch aus Nordwest.

Um zwei Uhr nachmittags kam unser Regiment an, alle waren gut gelaunt, aber froh, ins Lager zu kommen. Am Montag, dem 24., hatten wir wieder einen schönen Tag und eine schöne Zeit beim Exerzieren. Der Schlamm war getrocknet, der Boden war hart geworden, es wehte kein Staub, und die Männer waren bester Laune und verbesserten schnell die Drill- und Disziplinfähigkeiten, die notwendig sind, um Soldaten zu werden.

Das Zwölfte war im Vergleich zu den anderen Regimentern, die um uns herum lagerten, noch immer bei bemerkenswert guter Gesundheit. Das Dreizehnte New Hampshire und das Fünfte Connecticut, die zur gleichen Zeit mit uns hierher kamen, hatten seit ihrem Lagern hier bereits mehrere Männer verloren und hatten damals eine ganze Reihe Kranker im Krankenhaus. Unsere Verpflegung war weiterhin gut ; wir hatten ausgezeichnetes Brot und davon jede Menge. Es wurde in Alexandria gebacken und wir bekamen es frisch und oft warm aus dem Ofen. Wir hatten gelegentlich harte Cracker, vielleicht zweimal pro Woche, statt weichem Brot. Das harte Brot, das wir hier hatten, war völlig anders, als ich es erwartet hatte. Es schien aus dem besten Material gemacht zu sein. Unser gesalzenes Rindfleisch war fett, von guter Qualität und, wenn es richtig gekocht war, so gut, wie wir es uns nur wünschen konnten. Es wird anders gepökelt als bei uns zu Hause, da viel Salpeter zum Pökeln verwendet wird; die Köche müssen sich viel Mühe geben, um es schmackhaft zu machen. Wir hatten zweimal pro Woche frisches Rindfleisch; daraus wurden Suppen gemacht. Unsere Gruppe beschaffte sich schließlich eine große Pfanne aus Eisenblech, sechs Fuß lang und zwei Fuß breit, die als Bratpfanne verwendet werden sollte, und von da an gab es ein- oder zweimal pro Woche gebratenes Rindfleisch. Zweimal täglich tranken wir Tee oder Kaffee (zum Frühstück und Abendessen) mit reichlich Zucker dazu. Wir hatten Reis, Zuckersirup, Bohnensuppe usw. Jeder, der zu dieser Zeit etwas an unserem Essen auszusetzen hatte, würde wahrscheinlich unzufrieden sein, egal, wo er hinkam.

Dienstag, der 25., war ein bewölkter, nebliger Tag, und in der Nacht regnete es ziemlich stark. Mittwochmorgen klarte es rechtzeitig auf, damit wir mit dem Bohren beginnen konnten. Es hatte gerade genug geregnet, um den Lehm aufzuweichen, der Schlamm war seicht und so glitschig wie Fett – eine

Besonderheit bei dem Schlamm hier in der Gegend. Sie können sich diese Art des Reisens vorstellen, indem Sie ein Brett 2,5 cm dick mit Schmalz bestreichen und dann versuchen, darauf zu gehen. Ein Vorteil dieser Art von Boden ist, dass er beim Trocknen so hart wie ein Zementboden wird, was es für uns einfacher machte, als durch Sand zu waten. Das Wetter blieb angenehm, kein Staub wurde herumgeweht oder in alles hineingeweht ; der Boden war hart, in den besten Bedingungen zum Bohren, und unser Regiment verbesserte ihn noch.

Der 27. war Erntedankfest in Rhode Island und wurde auch von uns im Lager gebührend begangen. Wir wurden vom Drill entbunden, besuchten um elf Uhr morgens den Gottesdienst und hatten ein wenig Erholung, gingen durch die Gegend usw. Unsere Schlafsäcke wurden uns nun mit reichlich sauberem Stroh zum Füllen ausgeteilt. (Diese Säcke waren aus dickem Inlettstoff und waren, wenn sie gefüllt waren, vielleicht sieben Fuß lang und fünf Fuß breit; jeder von ihnen groß genug, dass zwei darauf liegen konnten.) Das gesamte Regiment war mit diesen Säcken ausgestattet und hatte lange genug auf dem Boden gelegen, um sie zu schätzen zu wissen. Der 27. war ein wunderschöner Tag, und da ich noch nie in Alexandria gewesen war, nutzte ich die Gelegenheit, den Ort zu besuchen. Ich besorgte mir einen Pass und brach in Begleitung eines unserer Mitglieder um acht Uhr morgens auf. Wir steuerten schnurstracks auf den Ort zu; überquerten die Straße, die vom Fairfax Seminary wegführte, und gingen weiter bergauf und bergab. Unser Weg verlief parallel zur Alexandria- und Manassas-Wagenstraße und direkt nördlich davon. Ich stellte fest, dass ich die Entfernung von unserem Lager nach Alexandria unterschätzt hatte, denn sie betrug fast zweieinhalb Meilen. Wir passierten das Genesungslager, das auf den Höhen westlich von Alexandria und nördlich von Fort Ellsworth auf derselben Anhöhe und in unmittelbarer Nähe davon lag. Es wurde als Treffpunkt für genesende Soldaten genutzt. In der Nähe dieses Lagers befanden sich das Nachzüglerlager und das Rekrutierungslager usw.; insgesamt eine riesige Ansammmlung von Zelten und Bewohnern.

Wir folgten der Straße, die von diesem Lager nach Osten führte, und kamen nach Alexandria. Die Entfernung betrug etwa eine halbe Meile; der Abstieg war so steil wie ein Hausdach. Von den Höhen, die wir gerade verlassen hatten, hatten wir meilenweit eine herrliche Aussicht auf das Land. Die Stadt Washington im Norden von uns war in voller Sicht, das Kapitol ragte in der Ferne auf. Das Fairfax Seminary lag zwei Meilen nordwestlich von uns, von dessen Turm aus die Rebellen unsere Bewegungen beobachteten und sie dem Feind signalisierten , als wir 1861 unseren ersten Vorstoß nach Bull Run und unseren unrühmlichen Rückzug machten. Die Stadt Alexandria lag ein kurzes Stück östlich und vielleicht hundert Fuß unter uns. Von dieser Höhe aus hatten wir auch eine gute Sicht auf den Potomac. Da Aquia Creek die Basis von Burnsides Operationen in Virginia war, war dieser edle Fluss mit Schiffen jeder Größe und Art bevölkert, die zwischen Aquia Creek, Alexandria und Washington hin- und herfuhren. Ich blieb bis halb drei Uhr nachmittags in Alexandria, ging dann zu den Kais und besuchte die Sklavenunterkünfte, die einst als Treffpunkt für den Kauf und Verkauf von Sklaven dienten, zum Zeitpunkt meines Besuchs jedoch als Gefängnis für Deserteure und andere Personen genutzt wurden, die von der Polizei ohne Passierschein angetroffen wurden. Ich besuchte auch das Marshall House, wo Ellsworth getötet wurde, und brach von dort zum Lager auf.

Ich kam rechtzeitig an, um an der Beerdigung eines unserer Jungs teilzunehmen, der am Tag zuvor im Krankenhaus gestorben war. Dies war der erste Todesfall in unserem Regiment seit unserer Ankunft in Washington und der dritte seit der Aufstellung des Regiments. Die anderen beiden waren getötet worden: der erste der Trommler der Kompanie D aus Newport bei einem Kampf in Camp Stevens, der zweite der Kompanie C auf den Waggons zwischen Harrisburg und Baltimore. Nur wenige von unserem Regiment waren jetzt im Krankenhaus und keiner von ihnen war gefährlich krank.

Samstag, der 29., war ein angenehmer Tag; die Nacht war still und kalt. Am Sonntagmorgen, dem 30., fanden wir den Boden leicht gefroren vor und in den Wannen im Lager war Eis von etwa einem halben Zoll Dicke. Das Wetter war bisher immer noch schön. Wir hatten hier schöne Morgen, die Luft war still und alles schien herrlich. Der Rauch der zahlreichen Lagerfeuer machte die Atmosphäre dunstig und erinnerte an unseren Altweibersommer in Neuengland.

KAPITEL III.

Am 1. Dezember erhielten wir den Befehl, sofort loszumarschieren, und um zwölf Uhr war unsere Brigade unterwegs. Wir passierten Washington gerade bei Einbruch der Dunkelheit, überquerten die Brücke, die über den östlichen Arm des Potomac führt, und schlugen unser Nachtlager etwa zwei Meilen außerhalb der Stadt auf. Am Morgen setzten wir unsere Reise entlang der Maryland-Seite des Potomac fort, und so ging es Tag für Tag weiter, bis wir am 6. d. M. gegenüber von Aquia Creek ankamen.

Wir hatten schönes Wetter bis Freitag, den 5., dann begann es zu regnen und ging nachts in Schnee über, was unser Lager äußerst ungemütlich machte. Wir erwarteten, den Potomac Freitagnacht zu erreichen, aber der Regen weichte die Straße auf, was unseren Marsch äußerst schwierig und langwierig machte, und um drei Uhr bogen wir völlig erschöpft in den Wald ein und begannen, unsere Zelte aufzuschlagen und es uns unter den gegebenen Umständen so bequem wie möglich zu machen. Ich konnte die Unbequemlichkeit unserer Lage durchaus nachvollziehen. Ich hatte das Glück, im Wald ein paar bereits zugeschnittene Stangen zu finden und baute mit Hilfe der Jungen einen Schuppen und deckte ihn mit unseren Zelten zu. Außerdem legten wir eine Menge trockene Spelzen, die wir aus einer nahe gelegenen Scheune besorgt hatten, als Betten hinein, und so gelang es uns, die Nacht ganz bequem zu verbringen. Früh in der Nacht hörte es auf zu schneien, und am nächsten Morgen um 10 Uhr waren wir wieder auf dem Marsch. Es war ein herrlicher Morgen; der Schlamm war verkrustet und trug uns beim Marschieren, und die hell scheinende Sonne verlieh den immergrünen Bäumen am Straßenrand, die mit Schnee bedeckt waren, einen wunderschönen Anblick. Um zwölf waren wir mit dem Rest unserer Brigade am Ufer des Potomac und warteten darauf, nach Aquia Creek übergesetzt zu werden. Endlich war es so weit, und um fünf Uhr nachmittags waren wir an Bord des Bootes und unterwegs. Um sieben lagen wir am Kai, und um acht verließen wir das Boot und standen in einer Reihe auf dem Pier, wo wir auf Befehle warteten. Es war eine bitterkalte Nacht, und sowohl Offiziere als auch Soldaten waren sehr ungeduldig, weil sie so lange an diesem Ort warten mussten, bevor sie zu unserem Lagerplatz aufbrechen konnten. Um halb zehn erhielten wir schließlich den Befehl zum Abmarsch. Wir fuhren etwa drei Kilometer die Eisenbahnstrecke von Aquia nach Fredericksburg entlang, bogen nach links ab, verließen die Straße etwa eine halbe Meile, und nach einer weiteren Verzögerung von vielleicht einer halben Stunde wählte unser Oberst unser Lager aus, und wir bildeten uns dort, um eine weitere unangenehme Nacht zu verbringen. Der ausgewählte Platz lag im Wald an einem Hügelhang. Das schwere Holz war gefällt und größtenteils abtransportiert worden, aber alle Wipfel und einige der größten Stämme waren noch da, alles bedeckt mit dem Schnee, der in der Nacht zuvor gefallen war. Da alles nass war, dauerte es eine Weile, bis wir unsere Feuer machen konnten. Aber in dieser Nacht konnten wir kaum schlafen; es war die unbequemste Nacht, die die Zwölften Rhode Island Volunteers je erlebt hatten. Wir tauften den Ort Camp Smoke, ein sehr passender Name für diesen Ort. In der ersten Nacht und am folgenden Tag konnten wir dem Rauch unserer zahlreichen Feuer nicht entkommen, die Hälfte davon drang uns in die Augen und in die Kehlen. Wir gingen um unsere Feuer herum, der Rauch folgte unseren Rockschößen, während wir weitergingen, und blieb an uns hängen, sobald wir anhielten; es war unmöglich, ihm zu entkommen. Wir blieben an diesem Ort bis Dienstagmorgen, dem 9., als die Brigade ihren Marsch wieder aufnahm . Wir kamen am Mittwoch, dem 10., gegenüber von Fredericksburg an und schlugen unser Nachtlager neben dem Siebten Rhode Island auf.

Die Signalkanonen, die die bevorstehende Schlacht ankündigten, wurden am nächsten Morgen erstmals um fünf Uhr morgens abgefeuert und in Abständen bis zum Sonnenaufgang, als entlang der gesamten Linie vor der Stadt heftiges Kanonenfeuer begann. Um neun Uhr morgens erhielten wir zwanzig zusätzliche Schuss Munition, Rationen für drei Tage, warfen unsere Rucksäcke und unser zusätzliches Gepäck auf einen Haufen, warfen unsere Decken über die Schultern und bewegten uns bis auf eine Dreiviertelmeile an die Stadt heran, stellten uns in Schlachtordnung auf, ruhten uns auf unseren Waffen aus und waren bereit für den Notfall.

Beim Versuch, die Pontonbrücken umzuwerfen, stießen unsere Truppen auf heftigen Widerstand und waren gezwungen, die Stadt zu beschießen, um den Feind zu vertreiben. Da wir uns davon überzeugt hatten, dass es an diesem Tag unmöglich war, den Fluss zu überqueren, kehrten wir am späten Nachmittag ins Lager zurück. Am frühen Abend hörte das Kanonenfeuer auf, das den ganzen Tag über angehalten hatte, und zwei oder drei Regimenter , die in Booten hinüberfuhren, konnten nach einem heftigen Kampf in den Straßen der Stadt schließlich den Feind vertreiben und die Brücken fertigstellen. Am frühen Morgen des nächsten Tages begannen die verschiedenen Brigaden mit der Überquerung des Flusses und besetzten die Stadt, darunter auch unsere.

Die Hauptstraßen dieser Stadt verlaufen parallel zum Fluss. Wir bezogen unsere Position gegenüber der Pontonbrücke, im hinteren Teil der zweiten Straße. Dieser Teil der Stadt hatte am Vortag schwer unter Beschuss gestanden, da das Feuer der verschiedenen Batterien in diese Gegend gerichtet war, um die Gebäude zu zerstören, die von den Scharfschützen des Feindes besetzt waren, die auf unsere Truppen schossen, was es notwendig machte, sie zu vertreiben, um die Brücke fertigzustellen. Als wir in die Stadt eindrangen, wurden wir vom Feind beschossen, seine Granaten explodierten um uns herum, fügten uns aber glücklicherweise keinen Schaden zu. Sie feuerten den ganzen Tag weiter und warfen gelegentlich eine Granate ab, wenn sich ein Regiment näherte, um in die Stadt einzudringen. Von ihren Batterien aus hatten sie eine gute Sicht auf das gegenüberliegende Flussufer und konnten jedes Regiment sehen, als es sich nacheinander der Brücke näherte. Im Laufe des Tages gab es in der Stadt eine ganze Reihe von Opfern durch die explodierenden feindlichen Granaten. Sie hätten uns an diesem Tag unendlichen Schaden zufügen können, wenn sie geneigt gewesen wären, ihr Feuer auf die Stadt zu richten. Unsere Position befand sich am Vormittag direkt in Reichweite der feindlichen Batterien, als diese auf die über die Brücke kommenden Truppen feuerten.

Von der Stelle, an der ich in den Reihen stand, konnte ich zwei tote Rebellen sehen, die am Tag zuvor getötet worden waren, als unsere Batterien die Stadt beschossen. Ich nahm mir die Freiheit, näher zu gehen und mir den anzusehen, der mir am nächsten stand. Eine Granate hatte ihn am Kopf getroffen und die Oberseite des Kopfes vollständig abgetrennt, sodass oberhalb der Augen nichts übrig blieb. Er war natürlich sofort tot.

Von hier aus ging ich weiter in eine andere Straße, wo ich eine Gruppe von Leichen sah. Es waren sechzehn, alle gehörten zu einem Regiment aus Massachusetts und waren in der Nacht zuvor gefallen, als sie versuchten, den Feind zu vertreiben. Sie wurden in einer Reihe aufgereiht und in der Nähe der Stelle begraben, an der sie gefallen waren. Während ich auf die traurige Szenerie blickte, musste ich unweigerlich an die Lieben zu Hause denken, die warteten, Wache hielten und für die sichere Rückkehr dieser armen Männer beteten, die sie durch eine geheimnisvolle Vorsehung nie mehr auf Erden sehen konnten.

Ich wandte mich von dem traurigen Anblick ab, um andere Aspekte dieses grausamen Krieges kennenzulernen. Ich war durch mehrere Straßen gegangen, als mich das schnelle Feuer des Feindes warnte, zu meinem Regiment zurückzukehren. Überall um uns herum explodierten die Granaten, und als ich zurückkam, fand ich das Regiment bereits in Formation vor. Bald darauf zogen wir los und nahmen eine Position in einer weniger exponierten Lage ein, wo wir die Nacht über blieben. Ich ging zu einem Haus in der Nähe, fand einige Bretter, kehrte auf die Straße zurück, wo wir bleiben sollten, legte ein Ende dieser Bretter auf den Bürgersteig, das andere Ende in die Mitte der Straße, fand etwas Stroh in der Nachbarschaft, machte mein Bett darauf und „legte mich schlafen".

Früh am Morgen waren alle Regimenter in Aufruhr und bereiteten sich auf die bevorstehende Schlacht vor. Die verschiedenen Kompanien unseres Regiments waren in Linie aufgestellt, unsere Brotbeutel waren mit Rationen für drei Tage gefüllt, die aus Crackern, Schweinefleisch, Zucker und Kaffee bestanden, unsere Feldflaschen mit Wasser, und als wir etwa eine halbe Meile weiter die Stadt hinunter zogen, ruhten wir uns auf unseren Waffen aus, bereit, die uns zugewiesene Rolle zu übernehmen. Während wir an diesem Ort waren, waren wir einigermaßen vor den Granaten des Feindes geschützt, die in unterschiedlichen Abständen abgefeuert wurden, wobei mehrere davon direkt vor uns in den Fluss fielen und explodierten, was bei den verschiedenen Regimentern viel Ausweichen und Drehen erforderte.

Direkt vor unserer Position gab es einen unbebauten Platz, dicht am Fluss. Dieser Platz wurde am frühen Vormittag von der irischen Brigade besetzt, und ich sah zum ersten Mal Thomas F. Meagher, den General, der diese Brigade kommandierte und als irischer Patriot und kämpfender General bekannt war. Diese Brigade wurde am frühen Tag in Aktion gerufen und zog sofort an die Front. Das war gegen zehn Uhr morgens.

Das Dröhnen der Kanonen und das scharfe Knallen der Musketen sagten uns bald, dass die „Kugel aufgegangen" war, und um zwölf Uhr M. wurden wir gerufen. Unsere Linie wurde schnell gebildet und wir marschierten weiter. Wir marschierten nach links, stiegen im Eiltempo einen steilen Hügel hinauf und kamen bald in Sichtweite und in Reichweite der feindlichen Kanonen, die sie sofort auf uns richteten. Da uns das Feuer zu heiß wurde, wurden wir in Linie gebracht und angewiesen, uns dicht an den Boden zu legen. Wir sanken also in den Schlamm und das Feuer hörte teilweise auf. Wieder erhoben wir uns und stürmten vorwärts, während die Artillerie wütender denn je auf uns einschoss. Als wir ein kurzes Stück vor uns einen Graben erreichten, blieben wir wieder stehen und bildeten unsere Linie erneut. Da wir teilweise vor dem feindlichen Feuer geschützt waren, hielten wir lange genug an, um zu Atem zu kommen, warfen dann unsere Decken ab, stiegen die Böschung hinauf und eilten weiter. Etwa zwanzig Ruten vor diesem Graben verläuft die Eisenbahn von Fredericksburg nach Richmond und hat einen etwa zwanzig Fuß tiefen Einschnitt gemacht. In der Erwartung, hier Schutz vor dem Feuer des Feindes zu finden, stürmten wir vor. Als wir das Ufer erreicht hatten, kämpfte ich mich mit einem Sprung bis zum Grund vor. Ich hatte gehofft, hier eine weitere Verschnaufpause zu finden, wurde aber enttäuscht, da der Feind eine Batterie in Stellung gebracht hatte, von der aus er die gesamte Länge dieses Einschnitts mit Kugeln und Granaten bewarf, und hier gerieten wir zum ersten Mal unter das Feuer ihrer Musketen. Wir erhielten den Befehl, so schnell wie möglich das gegenüberliegende Ufer zu erreichen. Der Aufstieg war sehr steil, und da wir außer Atem waren, erforderte es große Anstrengungen unsererseits, die Spitze zu erreichen. Ich habe mich in meinem Leben nie mehr angestrengt als damals, um die Spitze dieses Ufers zu erreichen. Die Entfernung von dieser Stelle zu der Position, die wir erreichen sollten, betrug vielleicht vierzig Ruten. Und dies unter sengendem Musketen- und Artilleriefeuer auf kurze

Distanz. Wir eilten so schnell wie möglich vorwärts, da wir wussten, dass dies kein Ort für lange Aufenthalte war. Unser Regiment war zu diesem Zeitpunkt teilweise aufgelöst. Jeder Mann war sich der Gefahr bewusst und bemühte sich, ihr zu entkommen. Im Laufschritt, der inzwischen zu einem Lauf geworden war, eroberten wir rasch die Stellung, die der Rest unserer Brigade bereits innehatte und die teilweise vor dem Feuer des Feindes geschützt war.

Der Knall der Kanone, das Kreischen der Granate, ihre Explosion mitten unter uns, das scharfe Knallen der Musketen und das Zischen der Minnie-Kugel (die verschiedenen Geschosse pflügten und zerschnitten den Boden vor uns) stellten eine schreckliche Tortur dar, die das Zwölfte Regiment überstehen musste.

So eilten wir weiter, bis wir die uns zugewiesene Position erreichten. Hier lag ein Hügel, der parallel zu unseren Linien verlief und leicht über die Ebene hinausragte, zwischen uns und dem Feind. Dies bot uns einen gewissen Schutz, und hier, zweihundert Meter vom feindlichen Bollwerk entfernt, kamen unsere Truppen zum Stehen, und erst nach unserer Ankunft konnten wir unsere Musketen auf den Feind richten. Unser Regiment war in dieser Schlacht unter vielen Nachteilen. Man wird sich erinnern, dass wir bis zu diesem Zeitpunkt erst acht Wochen im Dienst waren, von Rhode Island angereist waren, zwei verschiedene Lager in Virginia errichtet hatten und gerade einen Marsch von einhundert Meilen hinter uns hatten. Müde und erschöpft von unserem langen und ermüdenden Marsch, und bevor wir überhaupt Zeit hatten, unser Lager aufzuschlagen oder etwas zu essen zu besorgen, abgesehen von den „Marschrationen" (harte Cracker und gesalzenes Schweinefleisch), von denen wir uns in den letzten zwei Wochen ernährt hatten, und in unserer Unerfahrenheit, wie wir dem Feind unsere Komplimente machen sollten, wurden wir über den Rappahannock eingeladen und dem Feind vorgestellt. Als wir zum ersten Mal ins Gefecht gingen , stiegen wir einen Hügel hinauf, wo Leitern für uns von Vorteil gewesen wären. Dann folgte eine Kunststückleistung aus Zaunspringen, vorbei an Scheunen, Ziegelöfen usw. Durch diese gymnastischen Übungen wurden wir von unserem Oberst geführt, der von unserem tapferen Major tatkräftig unterstützt wurde. Das Regiment passierte diese Hindernisse in guter Ordnung und erreichte unter schwerem Feuer den ersten Graben, wo die Linie neu gebildet wurde. Hier erlitt unser tapferer Major leider eine schwere Verletzung, wurde auf eine Bahre gelegt und nach hinten getragen. Damit lag das gesamte Kommando in den Händen unseres Obersten, der es ohne Hilfe äußerst schwierig fand, das Regiment in einer Weise in Aktion zu bringen, die den Vorstellungen einiger unserer Militärbrüder entsprach, die geneigt waren, uns zu kritisieren . Diese Klasse von Kriegern, deren Kenntnisse der militärischen Taktik es ihnen kaum ermöglichen würden, in vier Reihen nach rechts und links zu marschieren, ohne Fehler zu machen, zeigten in ihrer Kritik wenig Urteilsvermögen und viel Ungerechtigkeit gegenüber einem tapferen und loyalen Regiment.

Wir behielten unsere Position bis zum Einbruch der Nacht, als wir, nachdem wir unsere Munition verbraucht hatten, vom Feld abgezogen wurden. Es war schon fast dunkel, als wir den Befehl erhielten, uns in Linie aufzustellen, mit dem strikten Befehl, uns so leise wie möglich zu verhalten, um nicht die Aufmerksamkeit des Feindes zu erregen. Wir stellten uns also auf und zogen schnell los. Als wir uns der Eisenbahnlinie näherten, begann das Feuer, das aufgehört hatte, erneut und tobte wütend. Unsere Truppen stürmten die feindlichen Stellungen und versuchten, sie mit vorgehaltenem Bajonett einzunehmen, wurden jedoch überwältigt und zurückgedrängt. Da wir in Reichweite waren, richtete sich das feindliche Feuer bei diesem Angriff direkt auf uns, als wir in den Eisenbahneinschnitt einbogen. Wir eilten vorwärts, warfen uns nieder und lagen so dicht wie möglich, während wir warteten, bis der Sturm vorüber war. Sobald das Feuer nachließ, sprangen wir schnell auf, eilten die Gleise entlang, erreichten bald die Stadt und waren außer Gefahr, und so endete ein Tag, der in der Geschichte des Zwölften Rhode Island Volunteers für immer in Erinnerung bleiben wird.

Da ich eine ebenso große Angst davor hatte, das Feld ohne Decke zu verlassen (ich hatte meine weggeworfen, als wir in den Kampf gezogen waren), wie vor den wenigen Bällen, die uns folgten, blieb ich hinten und schaffte es, eine zu sichern. Ich fand einen großen Haufen in kurzer Entfernung vom Eisenbahndepot, den unser Regiment in seiner Eile zu entkommen passiert hatte, ohne ihn zu sichern. Sie hätten jedes Recht gehabt, sie mitzunehmen, wenn sie es gewollt hätten. Sie haben später schwer unter dem Mangel an Decken gelitten, und ich denke, wenn sie wieder in einen Kampf ziehen sollten, unter Umständen, die sie veranlassen würden, ihre Decken wegzuwerfen, besonders mitten im Winter, werden sie gut darauf achten, eine neue zu sichern, wenn sie das Feld verlassen. Während ich meine Decke holte, verschwand das Regiment außer Sicht- und Hörweite, und als ich von der Eisenbahn auf die Straße kam, konnte ich nur AW finden, der stehen geblieben war, um Luft zu holen, da er fast erschöpft war, als er versuchte, mit dem Regiment Schritt zu halten . Da wir nichts vom Regiment sehen oder hören konnten, überredete ich A., mit mir zu gehen und eine Decke zu holen, da er auch keine hatte. Dann kehrten wir in die Stadt zurück und fanden nach einiger Zeit unser Regiment an derselben Stelle, von der wir am Morgen aufgebrochen waren, und an dieser Stelle machten wir für die Nacht Halt.

Auf meinen Streifzügen am Tag vor der Schlacht fand ich ein unbewohntes Haus in der Nähe des Ortes, an dem unser Regiment die Nacht verbracht hatte. Da mir der Gedanke, nach unserer harten Tagesarbeit mit drei anderen auf dem Boden auf der Straße zu liegen, gar nicht gefiel, machte ich mich auf den Weg dorthin. Wir fanden ein Zimmer mit einem Bett und einem Sofa, schlossen die Türen, machten uns diese Annehmlichkeiten zu eigen und schliefen die ganze Nacht über fest.

Am Morgen ging ich in den Keller des Hauses und fand eine ganze Reihe unserer Jungs beim Kochen. Es gab einen großen Herd im Zimmer und jede Menge Holz. Da wir ein Fass Mehl im Haus fanden, feierten sie ein Fest. Ich war auch dabei und rührte einen Teig an, sodass ich mir ein gutes Frühstück kochen konnte. Das Regiment blieb den ganzen 14. Tag über ruhig auf der Straße, und wir bezogen das Zimmer, in dem wir die Nacht verbrachten. Es gab ein Klavier im Zimmer, einen großen Sessel und andere Möbel, und wir hatten eine schöne Zeit beim „Haushalt" in unserer neuen Wohnung.

Am Morgen fand ich reichlich Seife und Wasser, wusch mich gründlich und begann mir vorzustellen, wieder zu Hause zu sein. Ich versuchte, S. dazu zu bringen, sich zu waschen. Er antwortete, er solle es nicht tun, bis er wisse, ob sein Kopf ihm selbst oder „Uncle Sam" gehöre. Ich fand die Idee ziemlich amüsant. Es war ganz offensichtlich, dass ein wenig Wasser S. nicht schaden würde, da er sehr nach Schmuggelware aussah. Wir verbrachten den Tag (Sonntag, den 14.) ganz bequem. Da wir es nachts für das Beste hielten, beim Regiment zu bleiben, bezogen wir mit dem Rest unserer Kompanie Quartier auf dem Dachboden eines Hauses. Wir wurden angewiesen, uns auf unsere Waffen zu legen, ruhig zu sein und jederzeit einsatzbereit zu sein. Gegen Morgen lieferten sich unsere Posten ein Gefecht mit dem Feind. Wir wurden geweckt, aber das Feuer, das eine Zeit lang ziemlich heftig war , hörte auf, und wir legten uns wieder hin. Am Morgen standen wir auf und hatten das Privileg, einen weiteren Ruhetag zu haben. In dieser Nacht begann, sobald es dunkel wurde, die Evakuierung der Stadt. Diese Tatsache war uns allen damals unbekannt, und aufgrund der Aufstellung des Regiments nahmen wir an, dass wir noch mehr kämpfen mussten. Bei Einbruch der Dunkelheit formierten wir uns in einer Linie, und sobald es dunkel wurde, zogen wir die Stadt hinunter, indem wir dieselbe Straße nahmen wie am Morgen der Schlacht. Wir stiegen denselben steilen Hügel hinauf und marschierten ruhig nach vorn. Einigen von uns stockte der Atem, als wir daran dachten, was wir auf derselben Straße bereits durchgemacht hatten. Direkt hinter unseren Posten und im Schutz einer kleinen Anhöhe legten wir uns hin. Eine Abteilung Männer des Regiments wurde für Spitzhacken und Schaufeln zusammengestellt, und als diese eintrafen, wurde die gesamte vorderste Reihe gerufen, und wir gingen auf die Spitze der Anhöhe und begannen, eine Verschanzung zu errichten. Dies, so erfuhren wir später, sollte den Feind täuschen und ihn glauben lassen, wir wollten die Stellung halten. Gegen zwölf Uhr wurden die vordersten Reihen gerufen, und wir formierten uns in einer Linie und eilten schnell und so geräuschlos wie möglich wieder in die Stadt. Als wir die Stadt betraten, war uns sofort klar, dass sie evakuiert wurde. Als wir sie vor ein paar Stunden verließen, waren die Straßen voller Soldaten, Regiment um Regiment und Batterie um Batterie; jetzt war kaum ein Mann zu sehen, als wir durch die Straßen gingen. Das hastige Getrappel von Männern und Pferden in Richtung der Pontonbrücken verriet uns unser Ziel. Wir eilten weiter, überquerten am 16. um ein Uhr morgens die Brücke erneut , stiegen den Hügel hinauf und gingen zu unserem Lager, wo wir am Morgen des 12. unser Gepäck zurückließen. Unser Major, den ich seit dem Kampf nicht mehr gesehen hatte, erschien plötzlich bei unserer Ankunft im Lager, übernahm das Kommando über das Regiment, brachte es in Position und gab mit lauter Stimme Befehle, die uns versicherten, dass er, obwohl schwer verwundet, schnell genesen würde. Am nächsten Tag sah ich den Major wieder. An seinem Aussehen konnte ich nicht erkennen, dass er überhaupt verletzt war; ich denke, er hat sich bemerkenswert gut gehalten. Seitdem, so fiel mir bei der Inspektion und in Gegenwart des Brigadegenerals auf, hinkte er und schien ganz lahm. Ich musste unweigerlich an unseren fähigen Major denken, der seine Leiden ohne Murren erträgt, obwohl er schwer verwundet ist, und diesen aufopferungsvollen Geist mit einigen vergleichen, von denen ich gehört habe, dass sie, obwohl sie lautstark trotzig waren und ihre Männer unbedingt gegen den Feind führen wollten, vom Schlachtfeld rannten, nach dem Motto „Den Letzten holt der Teufel" und mich dabei an eine Stelle bei Shakespeare erinnerten – einen Ratschlag, der auf ihren Fall zutraf – nämlich:

„Leg einfach die Löwenhaut ab und
zieh ein Kalbsfell um deine abtrünnigen Glieder."

KAPITEL IV.

Nach der Schlacht am 13. wählte unser Regiment einen Campingplatz ein kurzes Stück nördlich der Stelle, die wir in der Nacht vor dem Angriff eingenommen hatten. Der gewählte Platz lag in einem flachen, nach Süden offenen Tal zwischen Baumstümpfen, die kürzlich von den verschiedenen Regimentern gefällt worden waren, die in unmittelbarer Nähe lagerten. Wir schlugen zunächst unsere Schutzzelte auf, aber da wir wussten, dass wir im Falle eines Sturms einen besseren Schutz brauchten, begannen wir, sobald wir uns ein wenig von den Strapazen der letzten zwei Wochen erholt hatten, unsere Lage so gut wie möglich zu verbessern. Eine ganze Reihe von Regimentsangehörigen hatte im Kampf ihre Zelte verloren. Etwa zehn Tage später gelang es dem Quartiermeister, einige zu beschaffen und zu verteilen. Noch immer war ein Viertel des Regiments ohne Unterschlupf. Diese Leute machten sich an die Arbeit und errichteten einen Unterschlupf aus Kiefernzweigen, der zwar im Falle eines Sturms wenig nützte (der übrigens wunderbar abhielt), sich aber als sehr wirksam erwies, solange das trockene Wetter anhielt. Hier im Lager sieht man einige merkwürdige Baustile. Einige der Männer legen Wert auf ein komfortables Zuhause und zeigen viel Einfallsreichtum bei dessen Bau. Andere wiederum waren mit allem zufrieden und unternahmen kaum Anstrengungen. Sie schienen keine Angst vor Stürmen zu haben, die jederzeit zu erwarten waren und die, wenn sie jetzt über uns gekommen wären, dieser besonderen Klasse unendlich viel Leid zugefügt hätten. Ich denke, sie hätten es fast verdient, die Beschwerden zu spüren, um ihnen den Mangel an ein wenig Angst und Voraussicht in einer Angelegenheit zu vergelten, die offensichtlich so notwendig ist, um ihr sehr wertvolles Leben zu schützen.

Ich hatte das Glück, ein Stück Zelt zu besitzen, und zusammen mit einigen der Jungen, die ebenfalls welche hatten, machten wir uns an die Arbeit. Wir maßen einen für uns ausreichend großen Raum ab, gruben etwa 45 cm tief in den Boden, schnitten Baumstämme zurecht, legten sie an die Böschung und setzten sie drei Fuß über dem Boden fort. Wir bauten auch eine Feuerstelle an einem Ende unseres Hauses, indem wir unseren Schornstein aus eng aneinandergefügten Baumstämmen machten, mit Lehm verputzten und ihn mit einem Schweinefass bedeckten. Wir legten einen Firstpfahl der Länge nach in ausreichender Höhe an, um unsere Köpfe frei zu halten, und zogen unsere Zelte darüber und befestigten sie an den Seiten. Einige aus unserer Gruppe hatten Gummidecken, die wir darüber legten, und der Rest bekam ihre; bald darauf fühlten wir uns ziemlich sicher vor Wind und Wetter.

Wir fanden unseren Kamin sehr nützlich, um unser Haus warm und trocken zu halten, und als wir dasaßen und das Feuer beobachteten, konnten wir uns fast vorstellen, wieder zu Hause zu sein. Wir ankerten an dieser Stelle am

Dienstag, dem 16. Dezember. Am Freitag, dem 19., wurde unser Regiment zum Wachdienst eingeteilt, die rechte Seite unserer Linie sollte sich in Falmouth ausruhen und die linke gegenüber Fredericksburg, entlang der Ufer des Rappahannock. Unser Hauptquartier sollte im De Lacey House gegenüber von Fredericksburg sein.

Der Feind besetzte die Höhen gegenüber von uns, eine Meile vom Fluss entfernt, und stellte seine Posten gegenüber von uns auf, an manchen Stellen in Sprechweite . Anfangs gab es einige Befürchtungen, die Posten könnten versucht oder provoziert werden, aufeinander zu schießen. Stattdessen schien keine der beiden Parteien geneigt zu sein, auf diese haarsträubende Art zu kommunizieren, sondern im Gegenteil, obwohl es streng verboten war, pflegten sie manchmal freundschaftliche Kommunikation miteinander. Die Entfernung von unserem Lager bis zu den Ufern des Rappahannock betrug vielleicht zwei Meilen.

Wir gingen regelmäßig jeden Freitagmorgen auf Wache und blieben 24 Stunden dort, dann kehrten wir wieder ins Lager zurück. Diese Aufgabe war nicht sehr anstrengend, da unser Regiment eine Linie von nicht mehr als einer Meile Länge entlang des Flusses bewachte und schwere Reserven hielt, um jede Streitmacht abzuwehren, die versuchen könnte, von der anderen Seite her überzusetzen. Tagsüber, da von dieser Seite keine Gefahr zu befürchten war, besorgten sich einige der Männer Pässe und durften nach Falmouth gehen, wo sie, wenn sie das Glück hatten, die Mittel dazu zu haben, und sich dazu geneigt fühlten, gegen Zahlung eines exorbitanten Preises das Nötige bekommen konnten, um den inneren Menschen zu erfrischen.

Hier gibt es eine große Mühle, die große Mengen Mehl und Schrot produzieren kann. Das Gebäude hat zwölf Mühlsteinsätze, sechs zum Mahlen von Weizen und sechs für Mais. Ich besuchte diese Mühle und wurde zum ersten Mal Zeuge des Mahlens, Verdichtens und Verpackens von Mehl. Als ich die Mühle besuchte, waren nur zwei Mühlsteinsätze für Weizen in Betrieb. Es gab auch zwei Mühlsteinsätze, die Mais mahlten. Da ich seit einiger Zeit kein indisches Essen mehr gesehen hatte , kaufte ich einen halben Peck und zahlte zwei Dollar pro Scheffel. Die Menschen in Falmouth schienen knapp an Lebensmitteln zu sein, denn die Jungen zahlten fünfzig Cent für ein Frühstück mit warmem Johnny-Kuchen und Kaffee. Ich ging in Begleitung von Leutnant Bucklin nach Falmouth, der vor der Abreise ein Frühstück einnehmen wollte. Er suchte eine Weile und fand einen Platz, und durch Neckereien bekam er einen Platz am Tisch, und ausnahmsweise aßen wir uns satt. Wir hatten gebratenes Schweinesteak, heiße Kekse, heißen Kaffee und Sirup, so viel wir wollten.

Im Gespräch mit den Männern aus Falmouth erzählten sie mir, dass der letzte Winter ungewöhnlich streng war, mit großen Schnee- und

Regenmengen. Sie erzählten mir auch, dass dieser Winter bisher sehr mild gewesen sei, aber dass jeder sechste oder siebte Winter streng sein könne, wie der von 1961 und 1962, aber dass dieser Winter ein ziemlich typischer Winter für diesen Teil des Landes sei. Ich sagte ihnen, dass ich überrascht war, dass das Wetter weiterhin so mild war und es so wenig regnete. Mir war eine Besonderheit des Landes aufgefallen, die mir ein wenig Unbehagen bereitete. Das waren die tiefen Schluchten, von denen das Land durchzogen ist und die meiner Vermutung nach durch die schweren Winterregenfälle verursacht wurden, und ich erwartete, ein Beispiel für diese Art von Durchnässung und Überschwemmung zu sehen, was mir persönlich sehr unangenehm war. Man sagte mir, dass die heftigsten Regenfälle im Sommer fallen; diese Information befreite mich von dem, wovor ich am meisten Angst hatte.

Das Dorf Falmouth ist ein alter, heruntergekommen wirkender Ort mit vielleicht tausend Einwohnern. Es liegt am oberen Ende des Gezeitenwassers am Rappahannock, eine dreiviertel Meile oberhalb von Fredericksburg, und ist mit der gegenüberliegenden Seite des Flusses durch eine Brücke verbunden, die direkt gegenüber dem Zentrum des Dorfes verläuft. Die Hälfte der Brücke auf der Falmouth-Seite ist noch unbeschädigt, auf dem Rest des Weges stehen nur noch die Pfeiler. Die Länge dieser Brücke betrug etwa vierzig Ruten und überquerte den Fluss in einer Höhe von vielleicht dreißig Fuß. Sie war eine Holzkonstruktion und ruhte auf Pfeilern aus Baumstämmen und Steinen. Gegenüber und oberhalb von Falmouth gibt es einen beträchtlichen Abhang im Fluss, dessen Bett an dieser Stelle aus einer Masse aus rauen, zerklüfteten Felsen besteht, die sich, soweit ich sehen konnte, den Fluss hinauf erstrecken. Aufgrund des lang anhaltenden trockenen Wetters ist der Fluss sehr niedrig und könnte, so denke ich, überall in der Nähe dieses Ortes leicht durchquert werden. Ich glaube, es wird allgemein anerkannt, dass es ein großer Fehler war, den Fluss nicht zu überqueren und die Höhen zu besetzen, die jetzt in der Hand des Feindes sind, was zu der Zeit, als unsere erste Abteilung hier ankam, leicht möglich gewesen wäre. Ich glaube, jemand mit einem guten Paar Stiefel könnte trockenen Fußes darübergehen. Die Brücken wurden bei der Besetzung durch Burnside im letzten Sommer niedergebrannt. Seitdem überqueren die Leute hier den Fluss regelmäßig mit ihren Teams. Unsere Generäle hatten im letzten Winter, der ungewöhnlich rau und stürmisch war, Erfahrungen gemacht und befürchteten zweifellos, dass ihre Kommunikation abgeschnitten würde, wenn sie allein durch den Anstieg des Flusses überquerten und sich so in einer schwierigen Lage befänden, bevor die Eisenbahnbrücke fertiggestellt werden konnte. Die Ufer des Rappahannock sind bei Falmouth und jenseits von Fredericksburg, soweit ich auf der Nordseite sehen konnte, sehr hoch und steil – ich schätze, im Durchschnitt 60 Fuß über dem Flussniveau. Auf der Fredericksburg-Seite ist das Ufer nicht so steil. Die Anhöhen hinter der Stadt, die der Feind als erste Verteidigungslinie einnimmt und eine dreiviertel Meile vom Fluss entfernt liegt, sind nur wenig höher als die unserer Batterien direkt am Ufer. Fredericksburg, von dem wir am gegenüberliegenden Ufer stehen, scheint fast unter unseren Füßen zu liegen und natürlich der Gnade unserer Batterien ausgeliefert. Zwischen Falmouth und Fredericksburg, auf der Nordseite des Flusses, verläuft eine Wagenstraße, die dicht am Ufer entlang verläuft. Unsere Posten sind an dieser Straße postiert. Auf der gegenüberliegenden Seite, entlang des Flusses, verläuft die Wagenstraße, die von den Posten des Feindes besetzt ist. Unsere Zurückweisung in Fredericksburg entmutigte die Soldaten etwas, aber mit der Zeit fassten sie wieder Mut. Unmittelbar nach der Schlacht erschienen im Lager Zeitungen, die sich gegen die Verwaltung richteten und in großen Mengen verkauft wurden. Diese verleumderischen Blätter wurden von den Soldaten unseres Regiments eifrig gesucht und gelesen. Sie fraßen sie wie Krähen Aas , ohne den Zweck dieses Missbrauchs der Verwaltung zu berücksichtigen – nämlich *politische Schikane* . Einige der Männer, die sich für neun Monate verpflichtet hatten, hofften zweifellos, ohne Kampf davonzukommen; aber als sie den *Elefanten sahen* und teilweise einen Blick auf seine gigantischen Ausmaße erhaschen konnten, waren sie bereit, jedes Prinzip von Recht und Gerechtigkeit zu opfern, anstatt ihr *kostbares Leben* erneut aufs Spiel zu setzen.

Viele dieser Männer waren zu Hause bereit, jedes Opfer zu bringen, die Rebellen in aller Deutlichkeit anzuprangern und die Muskete mit einer Bereitwilligkeit zu schultern, die der Sache würdig war, der sie ihr „Leben und ihre *heilige Ehre*" verpfändeten; die nach ein wenig Experimentieren mit Schrot, Granaten und Schießpulver bereit waren, jedes Opfer zu bringen oder Kompromisse mit dem Feind einzugehen, der ihnen Erleichterung verschaffte, was das alte Sprichwort „Entfernung verleiht der Aussicht Zauber" voll und ganz bestätigte; und auch, dass „Selbsterhaltung das erste Naturgesetz ist". Ich war zutiefst angewidert von dieser Klasse von Quacksalbern und Nörglern, denen man nicht entkommen konnte und die sich gierig von allem ernährten , was entmutigend war, nämlich „die Unmöglichkeit, den Feind zu besiegen", „den ruinösen Zustand der Finanzen", „die Entwertung des Papiergeldes" usw., und die versuchten, ein Argument über Dinge zu finden, von denen sie offensichtlich nichts wussten. Sie schmeichelten sich damals, dass ein allgemeines Gefühl der Unzufriedenheit unter den Soldaten dazu beitragen würde, den Krieg zu beenden, und nutzten ihren Einfluss dementsprechend, indem sie alles Entmutigende in sich hineinschluckten und wieder ausspuckten, und das mit einer Gier, die einem Schwarm Geier Ehre machen würde, der ein totes Maultier fressen würde. Es waren schwere Zeiten, aber derselbe Grundsatz, der mich dazu veranlasst hatte, in den Dienst einzutreten, hielt mich noch aufrecht. Ich war zuversichtlich, dass im Verlauf des Krieges die

Parteigefühle zerstört würden, der Norden in seinen Zielen stärker vereint würde, fähige Anführer gefunden würden und dieser Aufstand schließlich niedergeschlagen werden würde.

Ich hatte das große Glück, mich bisher guter Gesundheit erfreuen zu dürfen. Ich war bisher weder krank gemeldet noch wegen Krankheit vom Dienst freigestellt worden und konnte durch ein wenig Sorgfalt der Gnade unseres Krankenhauses entgehen. Zu dieser Zeit, am 19. Januar, begann die Krankheit das Regiment zu schwächen. Innerhalb einer Woche waren ziemlich viele im Krankenhaus gestorben. Stephen Clissold war der erste Mann unserer Kompanie, der bis dahin im Krankenhaus gestorben war. Er hatte am 13. Dezember im Einsatz eine schwere Kopfverletzung erlitten, die meines Erachtens die eigentliche Todesursache war. Ich fürchte, viele Krankheiten in diesem Regiment sind auf die Nachlässigkeit der Männer zurückzuführen, die ein paar einfache Dinge nicht beachteten, die viel zur Erhaltung ihrer Gesundheit beitragen. Ich weiß, dass einige der Männer aufgrund ihrer eigenen Nachlässigkeit unter dem Mangel an Kleidung litten. Diese besondere Klasse befand sich in einer unangenehmen Unterversorgung, ohne die Unregelmäßigkeit der Versorgung zu berücksichtigen, insbesondere im Zusammenhang mit einer so großen Armee, wie wir sie in unserer unmittelbaren Nachbarschaft hatten, und ohne die Unmöglichkeit, ständig Vorräte aller Art vorrätig zu halten, sowie die Notwendigkeit, zu haushalten und das, was sie hatte, in gutem Zustand zu halten, bis sie Nachschub bekommen konnte.

Unmittelbar nach der Schlacht am 13. hatten wir zwei oder drei Tage lang einen gewissen Mangel an Proviant, aber genug, um unseren Hunger zu stillen. Als wir uns im Lager eingerichtet hatten, begannen wir wieder zu leben. Zuerst hatten wir harte Cracker. Das ist das Grundnahrungsmittel . Dann Schweinefleisch, Kaffee, Zucker und Bohnen. Nachdem wir zwei Wochen hier waren, bekamen wir Rationen mit frischem Rindfleisch, die wir seitdem regelmäßig einmal pro Woche bekamen. Wir hatten zwei- oder dreimal Kartoffeln und auch Zwiebeln.

Am 14. Januar bekamen wir Rationen mit gesalzenem Rindfleisch. Das war das erste, das wir sahen, seit wir „Camp Casey" verlassen hatten.

Am 15. Januar bekamen wir Rationen mit getrockneten Äpfeln, aber die Grundnahrungsmittel sind Cracker, gesalzenes Schweinefleisch und Kaffee. Davon hatten wir immer, so viel wir wollten; auf dem Marsch ist es alles, was wir haben. Bohnen und Reis hatten wir gewöhnlich immer, da sie leichter zu transportieren sind. Rindfleisch, Kartoffeln, Zwiebeln usw. zählten wir zunehmend zu den Luxusgütern des Soldatenlebens, da es unmöglich war, uns während eines aktiven Feldzuges immer damit zu versorgen. Marketender , die man eine Zeit lang nicht gesehen hatte , kamen wieder unter uns. Ich werde die Preise einiger ihrer Artikel angeben, wie sie damals verkauft wurden: Tabak 2 Dollar pro Pfund; Butter 75 Cent pro Pfund; Käse 50 Cent pro Pfund; Pfeffer 1 Dollar pro Pfund; Äpfel 5 Cent das Stück; Kekse 25 Cent das Dutzend; Stiefel, 8 und 10 Dollar pro Paar, die im Inland für 3 und 4 Dollar verkauft werden, und andere Dinge im gleichen Verhältnis. Weiches Brot gehörte zu den Dingen, die es nicht mehr gab; wir hatten seit unserer Abreise aus „Camp Casey" keins mehr gesehen.

Am 17. Januar erhielten wir Marschbefehle. Wir packten unsere Tornister entsprechend, füllten unsere Brotbeutel mit Verpflegung und bereiteten uns auf den Marsch innerhalb einer Stunde vor. Alles schien auf einen schnellen Aufbruch hinzudeuten. Der Sonntag, der 18., verging. Am Montag, dem 19., passierte ein Regiment nach dem anderen unser Lager. Am Dienstag, dem 20., war es offensichtlich, dass die „Grand Army" des Potomac in Bewegung war. An diesem Tag wurde uns bei der „Dressparade" eine Ansprache von General Burnside vorgelesen, in der er uns erneut aufforderte, dem Feind gegenüberzutreten. Unser Oberst hatte den Befehl, das Regiment noch in dieser Nacht oder am nächsten Morgen zu verlegen. Bei Einbruch der Nacht drehte der Wind, der seit zwei Tagen aus Südosten geweht und Regen angedroht hatte, plötzlich nach Nordosten und gipfelte schließlich in einem Sturm; deshalb blieben wir im Lager. Es regnete weiter bis zum Morgen des 23. Januar, als es schließlich aufhörte.

KAPITEL V.

Seit dem Sturm vom 20., 21. und 22. Januar, der als Vereitelung der Pläne von General Burnside bei seinem Versuch, den Rappahannock zu überqueren, in Erinnerung bleiben wird, hatten wir viel stürmisches Wetter, angenehme Tage waren seltene Kuriositäten. Und obwohl wir bis dahin wunderbar mit angenehmem Wetter gesegnet waren, wurde es sicher, dass wir das Gegenteil davon erleben würden, wodurch das alte Sprichwort zutrifft, dass „ein Extrem das andere hervorbringt".

Es wurde zu einem Sprichwort unter uns, dass der Sturm aufhört, wenn das 12. Rhode Island Volunteers-Regiment vorrückt. Der 23. war der festgelegte Tag, an dem unser Regiment auf Wache gehen sollte. Am Morgen regnete es und es gab keine Anzeichen, dass es aufklaren würde, aber unmittelbar nach dem Vorrücken unseres Regiments begannen sich die Wolken aufzulösen, und als wir Falmouth erreichten, kam die Sonne heraus; und um zwei Uhr nachmittags war keine Wolke mehr zu sehen. Wir bezogen unser Quartier in einem alten Versammlungshaus auf den Höhen von Falmouth, einer Lage, von der aus man das ganze Dorf, die Stadt Fredericksburg und den Fluss eine Meile in beide Richtungen überblicken konnte. Das Dorf Falmouth wimmelte zu dieser Zeit von Marketendern , die ihre Waren immer noch zu horrenden Preisen anboten. Die Truppen begannen ihren Rückzug am Morgen des 23., und die Straße war voll mit Batterien, Gepäckwagen, Krankenwagen und Soldaten, die in ihre alten Quartiere zogen. Gerade bei Einbruch der Dunkelheit war ich im Dorf, und zu dieser späten Stunde säumten Batterie um Batterie, Krankenwagen um Krankenwagen die Straße und eilten zu ihren jeweiligen Quartieren zurück. Man musste nur diese riesige Menge an Kriegsmaterial zur Schau gestellt sehen, wie es uns gestattet wurde, um sich von der enormen Stärke und Wirksamkeit der Potomac-Armee überzeugt zu haben, wenn sie richtig geführt wird. Da der Feind uns an diesem Ort mit großer Stärke gegenüberstand und zweifellos zu verzweifelten Anstrengungen bereit war, erwarteten wir bald einen blutigen Kampf.

Es wurde durch das Eingreifen einer gnädigen Vorsehung durch die Vermittlung des „Gottes der Stürme" auf einen günstigeren Zeitpunkt verschoben. Dennoch glaubte ich fest daran, dass der Feind an diesem Ort gezwungen sein würde, der gewaltigen Kraft, die wir gegen ihn aufbringen konnten, nachzugeben, und wartete geduldig auf den Zeitpunkt, der dem Feind Schande und Niederlage bringen und unsere Waffen mit dem Sieg krönen würde. Dann können wir aus vollem Herzen und in aller Wahrhaftigkeit sagen, dass

„Das Sternenbanner weht im Triumph über
dem Land der Freien und der Heimat der Tapferen."

Angesichts der immensen Macht, die beide Parteien in diesem blutigen
Kampf zum Einsatz bringen, während Wissenschaft und Genie fast der
ganzen Welt ihre Gedanken in diese Richtung richten und andere und
nützlichere Bestrebungen aufgeben, kommen uns natürlich einige Gedanken
in den Sinn.

Ich musste unweigerlich daran denken , dass seit jeher die
Meinungsverschiedenheiten der Menschen, wenn sie einen bestimmten
Punkt erreichten, an dem „Nachsicht keine Tugend mehr ist", immer in
dieser Art des gegenseitigen Hiebens, Zerschlagens und Zerschmetterns
gipfelten. Dennoch scheint es sehr bedauerlich, dass diese Dinge nicht auf
andere Weise beigelegt werden können. Die Geschichte erwähnt keine
anderen Möglichkeiten, also vertraue ich darauf, dass wir dem vorgegebenen
Weg folgen, indem wir mit „Zähnen und Klauen" gegeneinander vorgehen.

Von Samstag, dem 24., bis Dienstag, dem 27., war das Wetter recht warm,
mit gelegentlichen Regenschauern. Am Mittwochmorgen schneite es, die
Luft war extrem kalt, der Wind kam aus Nordost und blies stürmisch, was
den ganzen Tag anhielt und es zum ungemütlichsten Tag machte, den wir je
erlebt haben. Donnerstag, der 29., war sonnig, warm und angenehm, und wir
hatten keinen Regen mehr bis Sonntag, dem 1. Februar, als wir einen
weiteren Regentag ertragen mussten, der uns zwar unangenehm war, aber
dazu beitrug, den wenigen Schnee wegzuräumen, der noch auf dem Boden
lag. Am Tag zuvor bekamen wir Besuch vom US-Zahlmeister und erhielten
unseren Lohn vom Einberufungsdatum bis zum 31. Oktober. Einige der
Jungs hatten gehofft, ihren Lohn bis zum 1. Januar zu bekommen, aber da
sie ihn vom Einberufungsdatum an erhielten, was mehr war, als sie erwartet
hatten (da sie dachten, sie würden ihren Lohn erst ab dem Zeitpunkt der
Musterung am 13. Oktober erhalten), ruhten sie sich zufrieden aus und
warteten, falls sie zu wenig bekamen, auf den nächsten Zahltag.

Am Montag, dem 2. Februar, bekam ich Besuch von Joseph S. Davis vom
29. Massachusetts-Regiment, den ich seit Jahren nicht mehr gesehen hatte.
Es war derselbe zufriedene, gutmütige Kerl, der immer noch voller Witze
war. Ich fand ihn mit zwei Fingern weniger vor und seitdem, so hörte ich,
hat er sich durch einen versehentlichen Schuss aus seiner Waffe die Hand so
verstümmelt, dass er vorerst nicht mehr mithalten kann. Er liegt jetzt im
Krankenhaus in Washington.

Der Dienstag, der 3., war bitterkalt, es wehte ein starker Wind aus Nordost
und es gab häufig Schneeböen.

Am Donnerstag, dem 5., kamen Gerüchte auf, dass wir bald aus unserer derzeitigen Situation entfernt würden.

Am Sonntag, dem 8., hatten wir den Befehl, uns mit dreitägigen Rationen auf einen Marsch vorzubereiten, um nach Aquia Creek zu fahren und von dort mit Transportschiffen zur Festung Monroe. Der Montag begann angenehm für uns. An diesem Tag brachen wir um drei Uhr nachmittags unsere Zelte ab und verabschiedeten uns von „ *Camp Mud* ". Um halb fünf Uhr nachmittags stapelten wir unsere Waffen und ruhten uns in der Nähe des Depots aus, zusammen mit anderen Regimentern, während wir darauf warteten, dass sie an die Reihe kamen, in die Waggons zu steigen. Um halb sechs Uhr nachmittags eilten wir an Bord und nach den üblichen Verzögerungen brachen wir schließlich auf. Wir kamen den größten Teil des Weges langsam voran und erreichten Aquia Creek erst um zehn Uhr abends. Sobald wir an diesem Ort ankamen, luden wir die Waggons aus, das Regiment wurde auf dem Kai aufgestellt und ging sofort an Bord der Dampfer Metacomet und Juniata, die darauf warteten, uns aufzunehmen. Sobald das Regiment an Bord war, fuhren sie in den Strom, wo wir die Nacht verbrachten.

Der Morgen des 10. dämmerte uns entgegen und versprach einen angenehmen Tag. Wir erfuhren, dass der lang erwartete Schoner Elizabeth and Helen aus Providence während der Nacht angekommen war und in Sichtweite lag. Ich hatte ihn mir gerade gezeigt und betrachtete ihn, stellte mir vor, was für mich an Bord sein könnte, und wünschte mir einen halben Scheffel Äpfel, um ihn auf unserer Reise zu mahlen, als ich sah, wie ein Boot ablegte, und ich konnte gerade den Kopf unseres Obersts über dem Bug des Bootes erkennen, der auf uns zukam. Er brachte ein paar Kisten für sich und seinen Stab und zwei Fässer Äpfel für das Regiment mit. Die Äpfel wurden unter den Männern verteilt und waren sehr gut angekommen; ich bekam zwei kleine für meinen Anteil. Um halb zwölf kamen die Vorräte unseres Quartiermeisters längsseits, wurden an Bord genommen, und wir lichteten den Anker und fuhren den Fluss hinunter. Es war ein wunderschöner Morgen und alle waren guter Dinge. Ich konnte nicht umhin, unser derzeitiges Transportmittel mit dem zu vergleichen, das uns zwei Monate zuvor auf unserem Marsch von Alexandria nach Fredericksburg über Maryland und Aquia Creek zur Verfügung stand.

Der Potomac ist wirklich ein schöner Fluss. Obwohl er auf den Karten als breit und groß verzeichnet ist, hatte ich dennoch keine Vorstellung von der Größe dieses herrlichen Stroms. Ich schätze, dass dieser Fluss von Aquia Creek bis zur Chesapeake Bay im Durchschnitt fünf Meilen breit ist. Unser Dampfer, die Metacomet , erwies sich als schneller Segler . Die Juniata, die uns vor unserer Abfahrt von Aquia Creek passiert hatte, überholten wir bald, und als wir um fünf Uhr nachmittags am Point Look-out Hospital vorbeifuhren und in die breiten Gewässer der Chesapeake Bay einfuhren, konnte man die Juniata gerade noch vom Heck des Bootes aus erkennen. Bald hüllte die Dunkelheit alles ein, und um neun ging ich ins Wasser. Um zwölf war ich an der Bewegung des Bootes überzeugt, dass wir unser Ziel erreicht hatten.

Am 11. um 6 Uhr morgens machte ich mich auf, um unseren Aufenthaltsort zu erkunden und mir neue Szenen anzusehen. Ich stellte fest, dass der Wind frisch aus Osten wehte, der Himmel bewölkt war und Regen drohte. Ich stellte fest, dass wir uns in Hampton Roads befanden, dicht an der Küste und weniger als eine Dreiviertelmeile vom Dorf Hampton entfernt. Es waren ziemlich viele Schiffe auf der Straße unterwegs – Dampfer, Schoner, Kanonenboote usw. Unser Begleiter, die Juniata, lag in kurzer Entfernung von uns, da sie einige Stunden später als wir angekommen war.

Gegen neun Uhr morgens machten wir uns auf den Weg nach Newport News. Wir kamen dicht an den Rip-Raps vorbei, einem Felsvorsprung auf halbem Weg zwischen der Festung Monroe und dem gegenüberliegenden Ufer. Seit Kriegsbeginn ist dieser Ort stark befestigt und wird als Haftort für diejenigen bekannt, die sich militärisches Missfallen zugezogen haben. Wir erreichten Newport News, gingen um zwölf Uhr morgens an Land und gingen sofort von Bord. Newport News sah meiner Meinung nach sehr ähnlich aus wie ein kalifornischer Seehafen. Es gibt zwei Piers, die vom Ufer aus gebaut sind, jeder etwa 300 Fuß lang und 10 Fuß breit. Sie bestehen aus in den Sand getriebenen , mit Brettern bedeckten Zapfen und haben auf beiden Seiten ein Geländer, um das Gleichgewicht zu halten.

Wir verließen das Boot am Pier, passierten ihn der Länge nach, erreichten festen Boden, gingen die Straße hinauf, erreichten die Spitze der Klippe, bogen ein kurzes Stück nach links ab und legten unsere Waffen an. Während unser Oberst sich bei seinem befehlshabenden Offizier meldete, nutzten wir die Gelegenheit, uns mit den Sehenswürdigkeiten und Szenen von Newport News vertraut zu machen.

Die Cumberland, die vor einem Jahr von der Merrimack versenkt wurde, liegt gegenüber der Anlegestelle, ein kurzes Stück entfernt im Fluss. Ihre drei unteren Masten und der Bug sind alles, was man noch von diesem Schiff sieht, das einst als eines der edelsten Schiffe im Dienst galt. Der Rumpf der Congress liegt eine Meile darunter, die Oberseite ist deutlich sichtbar. Es war ein Glück, dass die Monitor gerade auftauchte und so dem Unheil ein Ende setzte.

Dieser Ort ist nicht von Bedeutung, er dient lediglich als Militärstützpunkt, da er seit Kriegsbeginn errichtet wurde. Gegenüber der Anlegestelle erstrecken sich die Gebäude vom Strand die Klippe hinauf bis zur ebenen Fläche darüber. Die Höhe dieser Klippe beträgt etwa 40 Fuß über der

Hochwassermarke, und zwar eine oder zwei Meilen in beide Richtungen vom Dorf aus. Dahinter erstreckt sich eine ebene Ebene, eine halbe Meile breit und so lang, wie das Auge reicht. In einer durchgehenden Linie entlang der Bucht, auf dieser ebenen Fläche, haben die verschiedenen Regimenter ihr Lager aufgeschlagen und bieten einen sehr schönen Anblick. Die Fläche vor unserem Lager, eine Viertelmeile breit vom Rand der Klippe, wird für Übungen und Paraden genutzt. Der Boden von der Spitze der Klippe bis nach hinten fällt allmählich ab. Vierzig Ruten hinter unseren Zelten haben wir reichlich gutes Wasser.

Unsere Brunnen werden gebaut, indem man ein Loch gräbt und zwei Fässer ohne Deckel übereinander stellt. Es gab auch Gräben, die parallel zu unserem Lager hinter den Brunnen gegraben wurden, und da sie zu dieser Zeit teilweise mit Wasser gefüllt waren, hatten wir alle Möglichkeiten, uns zu waschen, und es gab keine Entschuldigung für schmutzige Gesichter. Hinter diesen Gräben, in kurzer Entfernung, befinden sich die Wälder, auf die wir für unsere Feuer angewiesen waren. Obwohl die Axt des Holzfällers in den letzten zwei Jahren diese edlen Waldbäume stark beschädigt hatte, war immer noch ein guter Bestand übrig. Wir waren auch auf diese Wälder für unsere Musik angewiesen, wenn alle anderen Arten aussterben. Da dies eine dauerhafte Einrichtung war, spielten die Bewohner des Waldes, darunter Guckfrösche und Eulen, bis weit in die stillen Nachtwachen hinein Melodien.

Das Lager des Zwölften Rhode Island-Regiments lag eine Viertelmeile nordwestlich von der Anlegestelle. Das Dorf Newport News ist im Norden und Westen durch eine Palisade und einen Graben umgeben, die einen Angriff von hinten abwehren sollen. In dieser Einfriedung befanden sich die Baracken für die Männer und der übliche Platz für Exerzierübungen und Paraden. Außerhalb dieser Einfriedung, im Osten, wurden weitere Baracken errichtet. Fast alle Gebäude sind aus Baumstämmen gebaut; einige von ihnen, die für Händler und Quartiermeister errichtet wurden, sind aus groben Brettern und offensichtlich nicht für dauerhafte Zwecke gedacht . Diese Gebäude sind über eine Fläche von einer halben Meile Breite und einer Meile Länge entlang der Küste der Bucht verstreut. Die Bucht selbst ist eine wunderschöne Wasserfläche und uns gegenüber war sie vielleicht vier Meilen breit. Als wir auf der Klippe standen und der Bucht zugewandt waren, konnten wir direkt unterhalb auf der gegenüberliegenden Seite die Öffnung erkennen, die nach Norfolk führt; rechts konnten wir die Mündung des James River sehen; und direkt am Eingang konnte man eines unserer Kanonenboote sehen, das Wache hielt und bereit war, uns vor jeder Gefahr zu warnen, die aus dieser Richtung kam. Vor uns lagen verstreut einige Boote, deren allgemeines Erscheinungsbild ihren Einsatzort verriet. Die Galena, die letzten Sommer am Angriff auf Fort Darling teilnahm, lag in der

Bucht gegenüber von uns. Obwohl sie damals von 28 Kugeln durchbohrt worden war, existierte sie noch und würde, ihrem Aussehen und Ruf nach zu urteilen, im Falle eines Angriffs auf den Feind eine gute Figur machen können.

Die Minnesota lag anderthalb Meilen unter uns. Wäre die Monitor nicht zu Hilfe gekommen, hätte sie statt des edlen Schiffes, das jetzt in all seinen schönen Proportionen vor uns liegt, dieselbe traurige Figur abgegeben wie die Cumberland und die Congress und zweifellos dasselbe Schicksal erlitten.

Zur Flotte gehörten auch drei Kanonenboote des Typs Monitor. Diese Boote bedürfen keiner großen Anerkennung und sollen vor allem für sich selbst sprechen.

Am 12. Februar, dem Tag nach unserer Ankunft hier, gingen wir, da es warm und angenehm war, in den Wald, um Holz für unser Haus zu schneiden und zu spalten. Am 13. und 14. waren wir damit beschäftigt. Am 15. gaben die Leute im Zelt mit mir auf; das brachte die Dinge zum Stillstand, bevor unser Haus fertig war. Am 16. begann es zu stürmen; das brachte natürlich die Arbeiten zum Erliegen. An diesem Tag erhielt ich eine Kiste Äpfel von zu Hause. Am 17. bekam ich ein halbes Fass von Jason Newell. Diese kamen rechtzeitig.

Der Sturm dauerte bis Freitag, den 20., an. Am Samstag, den 21., befahl unser Oberst, alle Blockhütten dem Erdboden gleichzumachen und vom Boden zu entfernen. Dies wurde getan. Neue „A"-Zelte wurden ausgegeben und sofort aufgestellt. Am nächsten Tag sollten wir *Strohhüte haben*. (Das war, das gebe ich zu, nur eine Vermutung meinerseits.) Wir hatten jedoch gerade noch Zeit, unsere Zelte aufzustellen, bevor es zu regnen begann. In der Nacht schneite es; und am nächsten Morgen regnete es wieder, was den ganzen Tag anhielt und es sehr unangenehm machte. Insgesamt war das Regiment mit den neuen Zelten besser dran, da viele der Jungen keine Anstrengungen unternahmen, sich ein Haus zu bauen, und nur die „Schutzzelte" hatten und daher schlecht versorgt waren. Aber diejenigen, die an bessere Unterkünfte gewöhnt waren, nahmen die Änderung mit Missfallen hin .

Am Mittwoch, dem 25., absolvierte das 9. Armeekorps eine Parade vor General Dix.

Am Samstag, den 14. März, hatten wir eine Schwertübergabe. Die Kompanie F überreichte Captain Hubbard ein schönes Schwert, eine Pistole, einen Schwertgürtel usw. Das Geld wurde in der Kompanie durch Subskription aufgebracht und die Artikel wurden von unserem Quartiermeister JL Clark gekauft und mitgebracht. FM Ballou, der kürzlich den Rang eines Leutnants erhalten hatte und der Kompanie F zugeteilt wurde, bekam zur gleichen Zeit ebenfalls ein Schwert, eine Pistole, einen Schwertgürtel, eine Mütze und andere Dinge von Freunden aus der Heimat überreicht. Diese wurden ebenfalls von JL Clark mitgebracht, der gerade nach zweiwöchiger Abwesenheit zum Regiment zurückgekehrt war.

Das Lager der Zwölften Rhode Island Volunteers an diesem Ort war das schönste Lager der Gegend. Die Straßen waren gut angelegt und wurden sauber gefegt. Die Zelte waren neu und boten ein ordentliches, einheitliches Erscheinungsbild.

Nach unserer Ankunft hier hat sich das Regiment stark verbessert. Wir waren gut gekleidet und ebenso gut ausgerüstet wie jedes andere Regiment im Feld. Wir hatten auch die Springfield-Muskete mit gezogenem Gewehr, die als die beste im Dienst gilt.

Während wir an diesem Ort waren, kam es im Lager zu einer Schlägerei, die beinahe eine ernste Angelegenheit wurde. Am Abend des 5. März war ich im Zelt des Quartiermeisters, als um acht Uhr unser Ordonnanzoffizier hereinkam und uns mitteilte, dass unsere Kompanie Besuch vom 48. Pennsylvania-Regiment, einem benachbarten Regiment, bekommen hatte, das mit Knüppeln und Steinen ausgerüstet war, um einige Schwierigkeiten zu schlichten, die zwischen ihnen und einigen unserer Jungs aufgetreten waren. Wir hatten einige raue Kerle in unserer Kompanie, und als die Pennsylvania-Jungs auftauchten, gingen sie los . Nach ein paar Schüssen zogen sich die Eindringlinge zurück. Niemand aus unserer Kompanie wurde gefährlich verwundet; ein paar leichte Schnittwunden an Kopf und Ohren waren die einzige Opferliste. Bald nach dieser Angelegenheit kehrte ich in mein Quartier zurück und legte mich in der Hoffnung auf eine gute Nachtruhe hin. Ungefähr eine halbe Stunde später wurden wir über einen weiteren Besuch unserer Nachbarn informiert. Unsere Jungs stürmten heraus und schrien: „ *Raus! Raus ! Verjagt sie ! Verjagt sie !* " Gleichzeitig konnten wir hören, wie die Knüppel gegen die Seitenwände unserer Zelte *schlugen* . Unmittelbar danach hörte ich Captain Hubbard heraneilen, und kurz darauf war mir der Knall einer Pistole, eins, zwei, drei, gefolgt vom Knall eines Gewehrs, klar, dass es Zeit war, Stiefel anzuziehen und mich auf den Kampf vorzubereiten. Als ich aus meinem Zelt kam, stellte ich fest, dass der Tumult nachgelassen hatte. Unser Oberstleutnant kam vorbei, wir wurden alle in unsere Quartiere beordert, und als die Wache gerufen wurde, wurde dieser Kampf, der etwas Ernstes versprach, endlich beendet. Ich hörte nicht, dass jemand ernsthaft verletzt wurde.

Am nächsten Morgen, als ich in meinem Zelt lag und auf die Straße hinausschaute, blieb eine Gruppe von drei oder vier Personen vor dem Zelt stehen, um sich zu unterhalten. Bald zeigte einer von ihnen seltsame Symptome und fiel sofort auf den Rücken. Im Zusammenhang mit der Affäre der letzten Nacht begann ich zu glauben, dass die Dinge auf eine Krise zusteuerten. Der Mann, der allem Anschein nach tot war, wurde jedoch schließlich durch heftiges Reiben der Umstehenden herbeigeführt und weggetragen.

KAPITEL VI.

Am 18. März begann ein kalter, unangenehmer Sturm, der bis zum 21. anhielt. Er begann mit Nieselregen, der sich jedoch schließlich in einen heftigen Schneesturm verwandelte, und am Morgen des 21. klarte es auf, und der Schnee lag 15 cm hoch auf dem Boden. Alle freuten sich nun auf die Zeit, wenn wir anhalten und in andere Gegenden aufbrechen würden.

Am 23. März war der Schnee zu unserer großen Zufriedenheit verschwunden. Dieser Tag wurde damit verbracht, dem Regiment Kleidung auszugeben. Sie waren nun vollständig für die bevorstehende Reise vorbereitet. Das Zwölfte war zu dieser Zeit das größte Regiment des gesamten Korps und in seiner Gesamterscheinung das schönste, was die Männer, ihre Kleidung, Waffen, Ausrüstung usw. betraf.

Am Mittwoch, dem 25., erhielten wir den Marschbefehl.

Am Donnerstag, dem 26., brachen wir um sieben Uhr abends unsere Zelte ab und blieben auf der Straße, wo wir auf den Befehl zum Antreten warteten. In der Zwischenzeit wurden Feuer entzündet und ein allgemeines Freudenfeuer entzündet; Stöcke, Stangen, Kisten und alles , was brennen konnte, wurde zusammengekratzt und in die Flammen geworfen. Da es eine kalte, frostige Nacht war, erwiesen sich diese Feuer als sehr erheiternd und angenehm. Um elf Uhr abends wurden wir zum Antreten aufgefordert. Dies geschah schnell; das Regiment wurde aufgestellt, und wir begaben uns sofort zur Anlegestelle, gingen an Bord des Dampfers Long Island und machten uns bald auf den Weg, wobei wir uns von Newport News verabschiedeten, wo wir viele angenehme Stunden verbracht hatten, sehr zu unserem eigenen Wohl und zum Nutzen des Regiments. Am Morgen des 26. fuhren wir die Chesapeake Bay hinauf, *auf dem Weg* nach Baltimore.

Um sechs Uhr abends verließen wir die Chesapeake, gingen auf der Petapsco und wurden um sieben an den Kai gebracht, wo wir die Nacht verbrachten.

Am 27. um sechs Uhr morgens wurde uns befohlen, Rucksäcke umzuhängen. Danach verließen wir das Boot, das Regiment wurde aufgestellt und marschierten durch die Straßen der Stadt. Wir stellten unsere Waffen gegenüber dem Depot auf und sollten in die Waggons steigen, sobald die notwendigen Vorbereitungen getroffen waren. Den Jungen wurde erlaubt, die Reihen zu verlassen und zu gehen, wohin sie wollten. Ich ging die Straße hinunter und sah, dass es reichlich Alkohol gab und dass er *sehr gefragt war* ; viele der Jungen ließen sich gerade ihre Feldflaschen füllen usw.

Die Leute von Baltimore waren sehr freundlich zu uns. Als wir durch die Straßen marschierten, wurden wir herzlich begrüßt; es wurden

Taschentücher geschwenkt, Fahnen gehisst usw. Dies wurde vom Regiment erwidert, das mit ohrenbetäubendem Jubel antwortete.

Wir hatten alle Hände voll zu tun, nachdem wir von Baltimore aufgebrochen waren, weil die Jungs sich zu freizügig dem „Whiskey-Getränk" hingaben. Sie hatten seit einiger Zeit keinen Alkohol mehr gesehen und schienen entschlossen, das Beste daraus zu machen. Um zwölf begannen wir, in die Waggons zu steigen, und um ein Uhr nachmittags war das gesamte Regiment an Bord. Einige der Männer wurden in heruntergekommenem Zustand aufgenommen und an Bord gebracht, nachdem sie *Purzelbäume* geschlagen hatten und dabei offensichtlich Hilfe gehabt hatten, wenn man den Gesichtsausdruck einiger von ihnen beurteilte, der sich erheblich verändert hatte und Spuren zeigte, wo die Faust zu nah am Ziel war, was zu *Kriechen auf allen vieren* und anderen ähnlichen Vorkommnissen führte. Mit drei oder vier Ausnahmen kam unsere gesamte Kompanie ohne Hilfe an Bord, obwohl ich leider sagen muss, dass viele von ihnen voller Kampfgeist waren und bald nach dem Einsteigen in die Waggons mit den Operationen begannen. Mir fiel die Aufgabe zu, an einem Ende des Wagens zu stehen und den Befehl zu erhalten, niemanden unter irgendeinem Vorwand aussteigen zu lassen , da das Ergebnis im gegenwärtigen Zustand der Männer zweifellos verheerend gewesen wäre. Bald begann der Aufruhr, der anhielt, bis die Dunkelheit ihm ein Ende setzte. Der Sturm ließ gelegentlich nach, wenn die Gruppen erschöpft waren.

Gegen Abend kamen diejenigen, die bewusstlos an Bord gebracht worden waren und deren Rettung einigen von uns zu verdanken war – denn die Wahrscheinlichkeit war groß, dass sie in Stücke getreten worden wären, wenn wir uns nicht bemüht hätten, sie zu retten – wieder zu sich und segelten *herbei* , um ihren Anteil zu holen. Einen solchen Aufruhr hatte ich noch nie unter Menschen gehört, und wir mussten unsere allergrößten Anstrengungen unternehmen, um zu verhindern, dass sie sich gegenseitig vernichteten. Endlich brach die Dunkelheit über uns herein, der Aufruhr hörte teilweise auf, und in dieser *Menagerie herrschte relative Ruhe* .

Der Zug fuhr um zwei Uhr nachmittags los und fuhr den ganzen Nachmittag langsam. Spät am Abend hielten wir in Little York, Pennsylvania, wo denjenigen aus dem Regiment, die Lust dazu hatten, heißer Kaffee und Brot serviert wurde. Wir waren nun auf dem Weg *Richtung Westen* über Harrisburg. Nachdem wir Little York verlassen hatten, fuhren wir schnell weiter und machten am nächsten Morgen um acht Uhr in Lewistown, Pennsylvania, sechzig Meilen westlich von Harrisburg Halt.

Am 28. März um halb zwei Uhr nachmittags hielten wir in Altoona, wo uns heißer Kaffee und Weißbrot serviert wurden. Um Viertel nach drei begann die Fahrt in die Alleghany Mountains. Unser Zug bestand aus dreißig

Waggons, die von einer starken Lokomotive gezogen wurden. Zu Beginn der Bergfahrt wurden zwei weitere angehängt, einer an das Ende des Zuges und einer davor. Die Straße ist sehr kurvenreich, und der Zug, der sich langsam wie eine riesige Schlange durch die zahlreichen Kurven schlängelte, bot dem Auge des Betrachters ein neuartiges und wunderschönes Schauspiel. An vielen Stellen konnten wir in mehrere hundert Fuß tiefe Schluchten blicken, die dicht neben dem Gleis lagen und deren Seiten fast senkrecht waren; auf der anderen Seite erhoben sich die Berge ebenso hoch über uns. Entlang der Straße waren die Berge mit dichtem Baumbestand bedeckt. Millionen von Baumstämmen aller Größen lagen verrottend auf dem Boden und schienen jeden Moment auf uns herabzustürzen. Diese Überquerung der Allegheny Mountains bot den Bewohnern von Rhode Island völlig neue Möglichkeiten und wurde von allen genossen, die die Schönheit der Natur zu schätzen wussten.

Um halb drei Uhr nachmittags passierten wir den Tunnel auf dem Gipfel und begannen unseren Abstieg. Um sechs passierten wir Johnstown und um zwölf erreichten wir Pittsburg. Am Morgen des 29. um halb eins verließ das Regiment die Wagen und marschierte zum Rathaus, dem allgemeinen Treffpunkt für Soldaten ohne Abendessen . Hier erwartete uns das Abendessen, zu dem wir uns schnell begaben. Wir bekamen Weißbrot und Butter, Cracker, eingelegte Gurken, Äpfel und heißen Kaffee serviert . Wir wurden auch mit Musik von einer der Stadtkapellen verwöhnt. Wir blieben eine Stunde im Rathaus, als der Oberst eine Rede hielt, den Pittsburghern für ihre Gastfreundschaft dankte usw., und wir gingen, hochzufrieden mit unserer Unterhaltung. Von dem Rathaus aus marschierten wir ein kurzes Stück und *nahmen Unterkunft* im Schutz eines großen Schuppens neben dem Depot, wo einige von uns das Glück hatten, ein kurzes Nickerchen zu machen.

Um sechs Uhr morgens stand ich aus meinem flauschigen Bett auf, besuchte eine Kneipe in der Nähe, wusch mich gründlich und bekam dank der Freundlichkeit eines Freundes ein gutes Frühstück mit Kartoffeln, warmen Keksen, Beefsteak, Kaffee usw. Um halb zehn Uhr morgens bestieg das Regiment die Waggons, und um zehn fuhr der Zug los und überquerte den Alleghany River in *Richtung Cincinnati* über Steubenville und Columbus. Ich nutzte die kurze Zeit, die ich in Pittsburgh verbrachte, um mich umzusehen. Ich war etwas überrascht über das allgemeine Erscheinungsbild der Stadt. Ich hatte oft gehört, dass sie ein schmutziger Ort sei. Wir hören oft, dass sie die Stadt des „ewigen Rauchs“ genannt wird. Dies kommt von den zahlreichen Schmieden, Hochöfen usw., die es in der Stadt im Überfluss gibt, deren Hauptgeschäft die Eisenverarbeitung ist, für die sie berühmt ist. In Verbindung mit diesem Geschäft hatte ich mir in meiner Vorstellung eine Ansammlung niedriger, schwerer Gebäude und verfallener Häuser vorgestellt, alle in der Farbe von Rauch. Stattdessen fand ich einen Ort von großer Schönheit und Interesse. Viele der Gebäude im Geschäftsviertel der Stadt waren vier- oder fünfstöckig und aus Ziegeln und Steinen gebaut. Alle Gebäude sahen ordentlich aus und viele von ihnen waren architektonische Musterbeispiele für Geschmack und Schönheit. Ich habe an diesem Ort sehr schöne Kirchen gesehen. Da wir uns hier nur kurz aufhielten, kann ich keine Beschreibung abgeben, aber nach dem, was ich sah, kann ich sagen, dass es ein Ort von großem Reichtum, ungewöhnlicher Schönheit und Interesse ist. Wir kamen um zwei Uhr nachmittags durch Steubenville, Ohio. Im Dorf Means, ein kurzes Stück dahinter, machten wir Halt für einen Kaffee. Um sieben Uhr nachmittags machten wir erneut Halt im Dorf Newcomerstown, um neun im Dorf Cheshocton und um zwölf in der Stadt Newark. Auf dem ganzen Weg durch diese Dörfer wurden wir von den Einwohnern herzlich willkommen geheißen. Die Damen liefen uns entgegen, als wir anhielten. Viele von ihnen brachten den Soldaten Brot, Kuchen und Äpfel. Einige der Jungen bekamen kleine Zeichen der Zuneigung in Form von Küssen. In Bezug auf die Küsse galt für die Jungen die Regel: „So frei wie du empfängst, so frei sollst du auch geben." Als ich durch diese Dörfer kam, erhielt ich als meinen Anteil einen Apfel und eine Scheibe Weißbrot mit Soße.

Am Montag, dem 30., um zwei Uhr morgens hielt der Zug erneut an, und als ich nachfragte, erfuhr ich, dass wir in Columbus, der Hauptstadt des Staates, angekommen waren. Hier warteten Erfrischungen für das ganze Regiment auf uns. Weißbrot wurde in die Waggons gebracht und an diejenigen verteilt, die es wollten. Bevor uns der Kaffee gebracht werden konnte, befahl unser Oberst, der dachte, das Regiment brauche mehr Ruhe als Kaffee und Brot (viele von ihnen schliefen zu dieser Zeit), dem Zug weiterzufahren. Da ich selbst keine gute Gelegenheit zum Schlafen hatte und bereit war, so viel zu essen und zu trinken, wie ich konnte, besorgte ich mir vier Laibe Brot, und als ich feststellte, dass der Kaffee im Depot war, eilte ich aus den Waggons und konnte meine Feldflasche gerade noch füllen.

Um sieben Uhr morgens fuhren wir durch Zenia , wo der Zug lange genug anhielt, damit wir uns waschen und umsehen konnten. Von hier aus machten wir um zehn Uhr morgens Halt in einem kleinen Dorf im Miami Valley, wo wir bis Mittag blieben. Im Dorf Morrow hielten wir uns vier Stunden lang auf. Diese Verzögerung war darauf zurückzuführen, dass ein vor uns fahrender Zug zusammengestoßen war, sodass wir warten mussten, bis die Gleise geräumt waren. Um fünf Uhr nachmittags fuhren wir weiter und erreichten um sieben die Stadt Cincinnati. Nach einer Stunde Verzögerung stiegen wir aus den Waggons und gingen bald darauf zum Fifth Street Market, wo wir zu Abend gegessen haben. Unsere Erfrischungen waren dieselben wie in Pittsburgh, nur ohne Musik. Um neun Uhr abends verließen wir die Halle, nachdem wir uns mit drei ohrenbetäubenden Hurrarufen bedankt hatten, und marschierten sofort zum Boot, das auf uns wartete. Um zehn Uhr abends hatten wir den Ohio überquert und standen auf Kentuckys Boden. Wir landeten in Covington, einem Ort gegenüber von Cincinnati. Um elf Uhr machten wir uns für die Nacht bereit und bezogen den Boden eines alten, verfallenen Schuppens in der Nähe des Depots.

Am Dienstag, dem 31., versuchte unser Oberst, uns an diesem Ort ein Frühstück für das Regiment zu besorgen, aber es gelang ihm nicht. Unsere Brotbeutel reichten uns für ein Frühstück an diesem Ort. Wir wurden hier bis 13 Uhr aufgehalten, dann stiegen wir wieder in die Autos und eilten bald weiter, *auf dem Weg* nach Lexington. Wir fuhren um vier durch die Stadt Belmont und kamen um neun Uhr abends in Lexington an. Hier waren wir, wie wir erfuhren, am Ende unserer Reise angekommen. Wir bezogen unser Nachtquartier in den Autos und in der Nähe des Depots.

Mittwoch, 1. April, wir kamen früh auf, zündeten Feuer an, kochten Kaffee und nahmen unser Frühstück ein. Das Regiment wurde erst um halb neun Uhr morgens zum Antreten aufgefordert. In der Zwischenzeit nutzte ich die Gelegenheit, das Grab und Denkmal von Henry Clay zu besuchen, die sich auf dem Friedhof in der Nähe des Depots befinden. Das Denkmal ist sehr groß und auf der Spitze des hohen Schafts steht eine Statue des verstorbenen Staatsmannes. Sein Grab ist etwa vierzig Ruten vom Denkmal entfernt. Es wurde mir von jemandem gezeigt, der mit der Stelle vertraut war. Es liegt zehn Fuß nördlich des Denkmals, das er zum Gedenken an seine Mutter, Mrs. Elizabeth Clay, früher Watkins, errichtet hatte. Es gibt keine Steine, die die Stelle markieren, an der er liegt, da seine sterblichen Überreste zweifellos bald in die für sie vorbereitete Gruft am Fuße des Denkmals überführt werden. Als ich auf dem Grab einige Kaffeebohnen fand, wie sie hier genannt werden und die auf einem Baum wuchsen, der es beschattete , sicherte ich sie als Andenken. Ich besuchte auch den Ort, an dem Soldaten bestattet werden dürfen, die in den Krankenhäusern hier sterben. Der zugewiesene Platz befindet sich auf einer Anhöhe und die Art der Bestattung ist neuartig und interessant.

Die Gräber waren in Kreisen angeordnet, wobei der erste Kreis einen Raum von zwanzig Fuß im Durchmesser umschloss, wobei das Fußende des Grabes in Richtung des Raums und das Kopfende nach außen zeigte. Der zweite Kreis außerhalb davon und so weiter. Mehrere Kreise waren bereits fertiggestellt. Der Raum ist für die Errichtung eines Denkmals zu einem späteren Zeitpunkt reserviert. Auf diesem Friedhof gibt es viele schöne Skulpturen und Denkmäler in Hülle und Fülle. Um halb neun wurden wir aufgefordert, uns einzureihen, und marschierten sofort zu unserem Lager. Dieses befand sich auf dem Messegelände, eine dreiviertel Meile von der Stadt entfernt. Es war eine wunderschöne Lage inmitten eines Hains aus Schwarznuss- und Ahornbäumen und bot eine schöne Aussicht auf die umliegende Landschaft mit vielen interessanten Orten. Das Ashland Estate, bekannt als Wohnsitz von Henry Clay, ist nur eine Meile von unserem Lager entfernt. Dieses Anwesen ist sehr groß und umfasste ursprünglich 400 Hektar.

Am Donnerstag, dem 2. April, brach ich zu einem Besuch dieses Ortes auf. Kurz bevor wir das Haus erreichten, trafen wir auf zwei Kinder, einen Jungen und ein Mädchen, die in einem angrenzenden Wäldchen spielten. Sie waren etwa zehn oder zwölf Jahre alt. Als ich zu ihnen ging, um sie zu fragen, bemerkte ich in den Gesichtszügen jedes von ihnen eine auffallende Ähnlichkeit mit dem Mann, dessen Andenken wir in Ehrfurcht bewahren. Als ich nachfragte, erfuhr ich, dass sie die Enkel von Henry Clay waren. Ihr Vater, James Clay, war abwesend, da er eine hohe Stellung in der Rebellenarmee innehatte; seine Familie bewohnte das Gehöft. Es war ein sehr warmer, angenehmer Tag, und die ganze Familie, bestehend aus der Mutter und zwei weiteren jüngeren Kindern, beschäftigte sich draußen und schaute den Männern zu, die zum Zeitpunkt unseres Besuchs im Garten beschäftigt waren. Die Frau von James Clay ist eine Frau, die offenbar etwa dreißig Jahre alt ist, von eher unterdurchschnittlicher Größe; sie hat schwarze Augen und Haare, ist dunkelhäutig und galt in ihren jüngeren Tagen zweifellos als schön. Ihr Gesicht zeigt die Spuren der Trauer, und in Abwesenheit ihres Mannes sieht sie zweifellos Schwierigkeiten. Ich sprach mit einem der Männer über die Familie. Er zeigte mir das Haus, in dem er lebte, das auf dem Anwesen liegt und das ihm Mrs. Clay im Jahr zuvor vermietet hatte. Er sagte, er sei ein Gewerkschafter, und dachte, es sei am besten, wenn sie das so wisse, bevor er das Anwesen beziehe. Also erzählte er es ihr. Sie sagte ihm nur, dass sie das Haus des Geldes wegen gemietet habe. Ob sie das Vorgehen ihres Mannes gutheißt oder nicht, konnte er nicht feststellen, da sie ihre eigenen Ratschläge für sich behält. Mir wurde gesagt, dass die ganze Familie seit dem Tod des verehrten Elternteils vor etwa acht Jahren schwarz gekleidet sei. Mrs. Clay trug einen kompletten Traueranzug . Im Hinblick auf die gegenwärtige Lage ihres Mannes fand ich die Kleidung sehr angemessen.

Wir durften uns auf dem Gelände umsehen. Ich erfuhr, dass das Haus, in dem der ältere Clay gewohnt hatte, seit seinem Tod abgerissen und einem moderneren Gebäude gewichen war. An den Nebengebäuden, von denen es eine ganze Menge gibt, wurden keine Änderungen vorgenommen. Das Haus ist ein sehr schönes Gebäude aus Ziegeln mit Gesimsen, Fensterkappen usw. aus Naturstein. Der Rasen ist sehr weitläufig; an der äußeren Kante verläuft eine Fahrstraße, und zu beiden Seiten davon stehen eine Reihe von Bäumen. Die wichtigsten Arten sind Schierlingstanne, Tannen und schwarze Walnüsse, die meisten von ihnen groß. In großer Menge sind auf dem Rasen andere Bäume verschiedener Arten verstreut. Entlang der Fahrstraße befanden sich einige vernachlässigte Blumenbeete. Als ich einige davon in Blüte fand, pflückte ich eine und schickte sie als Andenken an meinen Besuch auf diesem berühmten Anwesen nach Hause.

Nach einem kurzen Aufenthalt hier kehrten wir zum Lager zurück. Auf dem Rückweg kamen wir am Haus von John Clay vorbei und nutzten die Gelegenheit, seine Ställe zu besuchen und die Pferde zu sehen, die ihm gehörten. Er galt als Besitzer einiger der besten Pferde des Staates. Wir fanden, dass die Ställe leicht zugänglich waren und von mehreren Negern geleitet wurden, die uns gern das Gelände zeigten. Dieser Clay ist ein ziemlich sportlicher Charakter; er besitzt eine eigene Rennbahn und hat sich die Zucht und das Rennen von Pferden zur Aufgabe gemacht. Die Pferde, die wir sahen, waren die besten, die er hatte. Eine von ihnen, eine helle braune Stute namens Edgar, soll ihre Meile in einer Minute und sechsundvierzig Sekunden gelaufen sein. Die Pferde, die ich sah, waren alle zum Laufen ausgebildet. Auf dem Weg von den Ställen kamen wir am Haus vorbei. Da ich hungrig war, fragte ich einen Neger , ob er uns etwas zu essen bringen könne. Er brachte uns zum Haus und fragte die Insassen der Küche, die aus drei Negern , einem Mann und zwei Frauen, bestand, ob sie etwas für uns tun könnten. Der Mann sagte, dass Mr. Clay krank sei und schon mehrere vor uns abgelehnt habe. Als er herausfand, dass wir einen Johnny -Cake annehmen würden, der auf dem Herd kochte, nahm er ihn ab und gab ihn uns. Die Witwe von Henry Clay lebt mit ihrem Sohn an diesem Ort. Sie ist jetzt in ihrem dreiundachtzigsten Jahr, sehr gebrechlich und wird ihrem betrauerten Ehemann bald zum Grab folgen. Von hier aus machten wir auf dem Rückweg zum Lager Halt, um eine Herde Maultiere zu sehen, die gerade losgelassen worden waren und in halsbrecherischer Geschwindigkeit herumtollten und herumschnitten. Gelegentlich blieb eines stehen und ließ ein Paar Absätze fliegen, sodass alles wieder knackte. Ich konnte jedoch nicht erkennen, dass Schaden angerichtet worden war. Oft fielen zwei oder drei während des vollen Laufs auf den Boden, kamen wieder hoch und rannten ebenso schnell in eine andere Richtung. Solche Schläge, die sie einander versetzten, hätten alles außer einem Maultier getötet. Um ein Uhr nachmittags erreichte ich das Lager, sehr zufrieden mit meiner Reise.

Am Sonntag, dem 5. April, besuchte ich in Begleitung von zwei- oder dreihundert Mann des Regiments die Kirche in der Stadt. Am Montag, dem 6., unterschrieb ich die Gehaltsliste und am nächsten Tag, dem 7., wurden wir bezahlt und erhielten unseren Lohn bis zum 1. März. Wir waren seit einer Woche hier im Lager und hatten uns ziemlich gut eingelebt. Unser Quartiermeister, JL Clark, wurde in Newport News zurückgelassen, um dort die Angelegenheiten zu regeln, und sollte uns dann mit dem Großteil des Gepäcks folgen. Zu diesem Zeitpunkt, am 7. April, war er noch nicht bei uns angekommen. Durch jemandes Fehler hatten wir hier nur eine knappe

Versorgung, und als wir wieder zu leben begannen, erhielten wir Marschbefehle.

Am Mittwoch, dem 8., brachen wir das Lager ab und begannen um 8 Uhr morgens unseren Marsch, begleitet vom Rest der Brigade. Es war ein warmer, angenehmer Morgen. Wir durchquerten die Stadt und nahmen die Straße in Richtung Winchester, und nach einem sehr anstrengenden Marsch von 22 Meilen erreichten wir um halb acht abends unser Lager, das zwei Meilen südlich dieses Dorfes lag. Dies war ein harter Tagesmarsch für die erste Brigade. Die Straße, über die wir kamen, verlief in einer geraden Linie in südöstlicher Richtung von Lexington aus. Unter der Erdoberfläche befinden sich Felsvorsprünge aus Schiefer und Sandstein, die in diesem Teil des Landes häufig vorkommen. Diese lassen sich leicht bearbeiten und sind das Material, aus dem Straßen gebaut werden. Der Stein wird in kleine Stücke zerbrochen, die im Laufe der Zeit fein werden und eine ausgezeichnete Durchgangsstraße bilden. Die Straße wurde auf ihrer gesamten Länge auf diese Weise gebaut. Aufgrund des für die Herstellung und Reparatur verwendeten Materials (wir mussten jedes Stück über Steine laufen, die wir zuletzt zurückgelegt hatten) war es sehr anstrengend für die Füße. Ich konnte nicht erfahren, dass es notwendig war, diesen zweitägigen Marsch an einem Tag zu machen, außer vielleicht, um der Laune von Oberst Griffin vom 9. New Hampshire nachzukommen, der die Brigade in Abwesenheit von General Naglee befehligte . Aber ein kleiner Teil der Brigade schaffte es, das Lager in der Nacht des 8. zu erreichen. Viele der Männer trugen schwere Rucksäcke und mussten aussteigen. Nachdem wir ein paar Meilen marschiert waren, schloss ich aus der Bewegung der Dinge, dass sie vorhatten, den Marsch an einem Tag zu machen. Ich stieg also aus, zog meine Stiefel aus und zog ein Paar „Whangs" an, um so bequem wie möglich zu marschieren.

Kurz bevor ich meinen Platz wieder einnahm, traf ich meinen Kumpel, der sich zum Ausruhen zurückgezogen hatte und an den Füßen bereits Blasen hatte. Da es einfacher wäre, im hinteren Teil des Regiments zu marschieren und so dem Staub aus dem Weg zu gehen (es war außerdem eine sehr staubige Straße) und sich in aller Ruhe auszuruhen, hatte er sich dazu entschlossen. Da unsere Sachen beisammen waren, leistete ich ihm Gesellschaft. Nachdem wir auf diese Weise etwa sechzehn Meilen marschiert waren, hielt mein fast erschöpfter Gefährte an, bis die Gepäckwagen zu uns kamen, und schaffte es, seinen Tornister in einen davon zu packen, und bald darauf fand er einen Platz für meinen. Das machte es für uns einfacher. Die Wagen gehörten der Brigade, und ich hatte das Glück, meinen Tornister auf einen zu bekommen, der Gepäck des Zwölften Regiments enthielt. Als wir im Dorf ankamen, nahm mein Gefährte seinen ab und warf ihn sich wieder auf den Rücken. Als ich feststellte, dass der Wagen mit meinem Tornister unser Regiment begleiten sollte, beschloss ich, ihn dort zu lassen. Sobald der

Wagen losfuhr, hielt ich ihn fest und schaffte es auf diese Weise, mitzuhalten, während das Gespann ein Stück weit im Trab blieb. Schließlich erreichten wir das Lager. Ich brauchte etwa fünf Minuten, um meinen Rucksack vom Wagen zu holen, meine Decken herauszunehmen und mich schlafen zu legen. Mein Kumpel legte sich für die Nacht unter einem Zaun etwa eine Viertelmeile weiter hinten hin, da er ziemlich „erschöpft" war.

Kentucky ist das schönste Land, das ich bisher gesehen habe. Von Lexington bis Winchester sah es überall gleich aus. Der Boden ist allem Anschein nach ausgezeichnet und lässt sich leicht kultivieren. Die Oberfläche des Bodens ist wellig und hat Hügel und Täler, gerade genug, um der Landschaft Relief und Schönheit zu verleihen. Keine Steine auf der Oberfläche, die die Arbeit der Kultivierung erschweren. In den Wäldern hier wächst kein Unterholz. Dies trägt wesentlich zur Schönheit dieses Landes bei, denn jeder Wald sieht aus wie die schönsten Haine, unter denen Gras in Hülle und Fülle wächst. Dies verschafft Kentucky einen Vorteil gegenüber jedem Staat, den ich bisher gesehen habe; und es ist das erste Land, das Vieh produziert, da jeder Wald ausgezeichnete Weideflächen für die Rinder-, Maultier- usw. Herden bietet, die in diesem Staat im Überfluss vorhanden sind. Die Felder sind groß angelegt, gut eingezäunt und ein großer Teil wird kultiviert. Die Häuser stehen verstreut, eine halbe bis eine Meile voneinander entfernt, was einem Neuenglander die Vorstellung suggeriert , dass es im Falle des Kriegsendes und der Einführung der Sklaverei noch andere dazwischen geben könnte. Gott bewahre, dass dieses schöne Land länger von diesem Fluch heimgesucht wird.

„Dann müssen wir siegen, wenn unsere Sache gerecht ist .
Lasst dies unser Motto sein: ,Auf Gott vertrauen wir.
' Und das Sternenbanner soll triumphierend wehen über
dem Land der Freien und der Heimat der Tapferen."

KAPITEL VII.

Unsere Brigade bestand aus dem Zweiten Maryland-Regiment, dem Neunten New Hampshire-Regiment, dem Siebten und Zwölften Rhode Island Volunteer-Regiment und dem Achtundvierzigsten Pennsylvania-Regiment und stand unter dem Kommando von General Naglee . Das Achtundvierzigste Pennsylvania-Regiment wurde nach Lexington abkommandiert, um dort als Feldwebel zu dienen, und blieb dort zurück. Übrigens hatten wir in Newport News alles im Überfluss, was ein Soldat erwarten kann. Der Schoner Elizabeth & Helen aus Providence, Rhode Island, der am 16. Februar mit Gemüse beladen dort ankam, trug zu unserer Gesundheit und unserem Wohlbefinden bei, und der Zustand des Regiments verbesserte sich erheblich. Nachdem wir Newport News verlassen hatten und bis zu diesem Zeitpunkt am 14. April hatten wir nichts als „Marschrationen" (harte Cracker und gesalzenes Schweinefleisch), abgesehen von dem, was am 6. April in Lexington ausgegeben worden war und was wir kaufen konnten.

Die Verpflegungsabteilung der Ersten Brigade war nun einsatzbereit und bereit, am 13. April Rationen auszugeben, aber unsere Regimentsverpflegung war wieder zu spät, wie in Lexington, und unsere Offiziere schlummerten. Wir hatten jede Menge „harte Cracker", aber diese waren für uns zu einer Droge geworden, daher waren wir versucht, das zu kaufen, was ins Lager gebracht wurde, und zahlten dafür exorbitante Preise. Die Kentuckianer hier wussten von unserer Ankunft und schienen entschlossen, das Beste aus uns herauszuholen. Einige unserer Offiziere, deren Aufgabe es war, sich um diese Angelegenheiten zu kümmern, dachten nicht daran, dass die Soldaten in den Reihen gezwungen sein könnten, Sparsamkeit zu lernen, und sich daher eine sofortige Ausgabe von Rationen und ein wenig Sorgfalt und Einfallsreichtum bei ihrer Zubereitung wünschen würden, wodurch sie sich die Kosten sparten, hier und da so viel für diesen Luxus auszugeben. Sie schienen die Verantwortung, die auf ihnen ruhte, nicht zu bedenken. Vielleicht war es ihnen egal. Die Sache war einfach da. In jeder Kompanie befanden sich 50 bis 75 Männer, deren Lage besser oder schlechter war, je nachdem, ob ihre Offiziere wach waren oder schliefen. Wären sie wach gewesen, wären die Rationen umgehend ausgegeben und richtig gekocht worden; die Folge wäre gewesen, dass die Männer, da sie genug zu essen aus ihrer eigenen Küche hatten, weniger außerhalb gekauft hätten und dadurch insgesamt eine große Summe gespart hätten, die in vielen Fällen zu Hause benötigt wurde.

Hühner mit einem Gewicht von zwei bis drei Pfund wurden hier vor einem Jahr für einen Dollar pro Dutzend verkauft. Dieses Jahr werden sie für zwei Dollar pro Dutzend verkauft. Geflügel, das in kleinen Mengen ins Lager gebracht wurde, wurde bereitwillig zu Preisen zwischen fünfundzwanzig

Cent und einem Dollar und fünfzig Cent pro Stück verkauft. Dazu gehörten das zwei Pfund schwere Huhn und der achtzehn Pfund schwere Truthahn. Kleine Mengen Eier wurden ins Lager gebracht und zu Preisen zwischen fünfzehn und vierzig Cent pro Dutzend verkauft. Sie waren gefragt und konnten jeden Preis erzielen. Pasteten wurden in großen Mengen gebracht; sie wurden aus Pfirsichen und Äpfeln gemacht und für fünfundzwanzig Cent pro Stück verkauft. Einige wurden, aus Rücksicht auf die Soldaten, für zehn oder fünfzehn Cent verkauft. Pfirsiche gibt es in diesem Teil von Kentucky in Hülle und Fülle, und sie werden in großen Mengen konserviert und getrocknet.

Als ich am Morgen des 15. April nichts zu essen fand außer harten Crackern und Schweinefleisch und keinen Kaffee, beschloss ich, zumindest für einen Tag als Versorger zu arbeiten. Ich besuchte AW von der Kompanie H, und gemeinsam verließen wir um sieben Uhr morgens das Lager und machten uns auf den Weg über die Felder. Wir kamen an den Häusern vorbei, die dem Lager am nächsten waren, und machten nach etwa einer Meile Halt bei einer Hütte aus Holz. Diese wurde von einer Negerfamilie bewohnt , die dem Bewohner eines angrenzenden Hauses gehörte. Der Besitzer war abwesend, und die Neger hatten keine Befugnis, etwas zu verkaufen . Wir hofften, hier etwas zu essen zu finden, aber da wir nichts Gekochtes zur Hand hatten, beschlossen wir, weiterzugehen. Wir überredeten sie jedoch, uns ein paar Kuchen zu backen, die wir bei unserer Rückkehr abholen sollten. Eine halbe Meile weiter kamen wir zu einem großen Haus. Die einzige Person, die wir hier finden konnten, war eine Negerin . Sie konnte uns nichts verkaufen. Der nächste Ort, den wir anhielten, gehörte einem gewissen Dr. Evans. Hier fanden wir die Familie zu Hause und geschäftig vor, sie bereiteten sich auf die Abreise zum Lager vor, mit einer Ladung Pasteten, Kuchen, Hühnerpasteten usw. Wir wollten hier frühstücken, aber da die Familie zu sehr in ihre Spekulationen vertieft war, gingen wir weiter.

Als wir rechts ein Haus erspähten, etwa eine halbe Meile von diesem Ort entfernt, machten wir uns auf den Weg dorthin. Bei unserer Ankunft wurden wir von etwa einem halben Dutzend Negerkinder begrüßt , die uns mit so viel Neugier ansahen, wie Jungen zu Hause einen ausgestellten „Uhu" sehen würden. Wir fragten nach der Frau des Hauses. Sie war zufällig gerade draußen und wurde uns gezeigt. Wir stellten uns vor und fragten sie, ob sie uns ein Frühstück machen könne. Sie bejahte dies und bat uns ins Haus. Dies war ein großes Blockhaus, und es war das, in dem der Eigentümer des Grundstücks wohnte. Die Neger bewohnten zwei oder drei kleinere im selben Hof und etwa fünf Ruten vom Hauptgebäude entfernt.

So sind die Gebäude der Landbauern in diesem Teil des Staates angeordnet. Die Neger bewohnen alle Blockhütten. Einige der Besitzer haben nichts Besseres und bewohnen dieselben; die meisten aber haben Fachwerkhäuser, und viele davon sind groß und elegant. Die Negerfrauen kümmern sich um alle Kinder, sowohl die weißen als auch die schwarzen, und das Essen für alle wird in den Nebengebäuden zubereitet. Wir wurden hier gut unterhalten. Die Frau des Hauses war anscheinend etwa fünfundsiebzig Jahre alt und sehr intelligent und gesellig. Ihr Mann besitzt eine große Farm und etwa vierzehn oder fünfzehn Neger . Sie bauen Hanf an, halten Schafe, spinnen und weben, wie es unsere Leute vor fünfzig Jahren zu Hause taten. Sie haben unter den Angriffen des Feindes gelitten, vor allem durch den Verlust von Pferden, da ihnen nicht mehr genug übrig blieb, um ihre Farmen zu bewirtschaften. Dies ist in der Tat ein schwerer Verlust für sie.

Nach einer halben Stunde wurde uns unser Frühstück gebracht. Es gab heiße Kekse, gebratenen Speck, Johnny -Cake, Butter und Milch. Wir kauften hier fünf Pfund Butter für 25 Cent das Pfund und vier Dutzend Eier, für die wir 25 Cent das Dutzend bezahlten. Wir gingen eine Meile weiter und besorgten uns drei Dutzend Eier mehr. Von hier aus machten wir uns auf den Rückweg zum Lager. Wir hielten an einem Haus an und als ich feststellte, dass der Besitzer auf einer Expedition zum Lager abwesend war, überredete ich die Neger , uns etwas Kuchen zu backen. Hier hielten wir eine Dreiviertelstunde, während der die Frauen genug kochten, um meinen Brotbeutel zu füllen, wofür sie mir 25 Cent berechneten. Als wir von hier weggingen, machten wir an dem Ort Halt, an dem wir am Morgen zuerst angehalten hatten, und fanden unser Brot vor, das auf uns wartete – ein großer Johnny -Cake und ein Laib Weißbrot. Damit war unsere Ladung fertig, und um ein Uhr nachmittags kamen wir im Lager an, bereit, wieder zu leben.

Wir hatten an diesem Ort ein wunderschönes Lager. Es lag in einem Wäldchen, an einer Stelle, wo wir alle notwendigen Annehmlichkeiten in Form von Wald und Wasser hatten, mit viel Gras zum Herumtollen. Die Bäume in diesem Wäldchen standen im Durchschnitt vielleicht vierzig Fuß voneinander entfernt. Es handelte sich um Ahorn, Kirschbaum, Schwarznuss und gewöhnliche Schellbaumrinde, und viele von ihnen waren groß. Der Boden darunter war sauber gefegt und alles Gestrüpp, Späne usw. entfernt.

Wir hatten hier um neun Uhr morgens das Aufstellen der Brigadewache. Die Kapelle würde um Punkt neun Uhr anschlagen, und als wir die Bewegungen der Wache beobachteten, als sie gleichzeitig aus ihren verschiedenen Regimentern herankamen, um die ihnen zugewiesenen Plätze einzunehmen, waren wir von der Schönheit der Szene beeindruckt. Die Wache nähert sich, nimmt ihre Plätze ein und die Musik verstummt. Die „Lagerwache“ auf der rechten Seite der Linie, mit nichts als Gewehr und Ausrüstung ; die „Posten“ auf der linken Seite, zusätzlich mit Feldflasche, Brotbeutel und Decke. Nachdem die Linie gebildet wurde, macht der Sergeant Major, der sie ordnet, dem kommandierenden Offizier ein „Geschenk“ und nimmt sofort seinen

Platz auf der linken Seite ein. Nachdem er seine Position eingenommen hat, wird der Befehl „Vorwärts" gegeben. Daraufhin marschieren die Offiziere zwölf Schritte vor der Linie, die Sergeants acht und die Korporale vier. Der kommandierende Offizier rückt vor und gibt allen Offizieren persönlich besondere Anweisungen. Dann kehrt er zu seiner Position zurück und gibt den Befehl: „Offiziere und Unteroffiziere, kehrt um", „inspiziere deine Wachen". Die Offiziere kehren zurück; die Korporale stellen sich in der Reihe auf; die Leutnants inspizieren die vorderste Reihe, die Sergeanten die hinterste. Die Kapelle spielt während der Inspektion. Nach der Inspektion verstummt die Musik und die Offiziere stellen sich wieder in der Reihe auf. Dann kommt der Befehl: „Musik, Schlag ab". Die Kapelle beginnt einen „langsamen Marsch" zu spielen und bewegt sich, nachdem sie nach vorne gekommen ist, die ganze Linie entlang. Nachdem sie die Manöver durchlaufen haben , die sie zu einer „ Kehrtwende " führen, kehren sie mit einem Quickstep zurück und nehmen ihre vorherige Position ein. Dann der Befehl: „Zugweise! Rechts herumschwenken! Marsch !" Unmittelbar nach Abschluss des halben Schwenks, der sie von der Schlachtlinie in die Kolonne bringt, wird der Befehl gegeben: „Kontrolle ! Kolonne vorwärts! Führung rechts! Marsch !" Die Kapelle beginnt zu spielen, der erste Zug macht einen halben Schwenk nach links und marschiert vorwärts, angeführt von der Kapelle. Die anderen Züge, die herankommen, wenden sich an die gleiche Stelle wie der erste. Nachdem sie eine gewisse Strecke vorwärts marschiert sind, wird eine weitere halbe Wende nach links gemacht. Von hier aus marschieren sie geradeaus weiter und kommen am „Offizier des Tages" vorbei, der die Position direkt vor der Mitte der Linie einnimmt, wie sie vor dem Vorrücken war, nachdem der Offizier, der die Wache befehligt, sie geräumt hatte, sich rechts neben dem ersten Zug platziert und die Bewegung der Kolonne lenkt. Wenn jeder Zug vor dem „Offizier des Tages" vorbeikommt, kommen die Offiziere, die für ihre jeweiligen Züge verantwortlich sind, zu einem „Geschenk", salutieren und ziehen weiter – die „Lagerwache" zur Ablösung der „alten Wache", die „Posten" an den ihnen zugewiesenen Platz – die Kapelle hört auf zu spielen und die Parade endet. Das Aufmarschieren der Brigadewache, von dem ich versucht habe, eine Beschreibung zu geben, ist ein schönes und imposantes Schauspiel.

Auch wenn ein Soldat viele Härten und Entbehrungen erdulden muss, sind mit seinem Leben doch viele schöne Dinge verbunden und man kann viele Erinnerungen daran sammeln. Und ich glaube, sollte der Krieg weitergehen, werden sich viele Männer im Rückblick auf die schönen Seiten ihres Feldzuges nach den damit verbundenen Dingen und Erinnerungen sehnen und sich erneut in die Reihen einreihen.

Gott gebe, dass sie es können! Und mögen sie sich mit willigen Herzen und Händen und in der Gewissheit, dass die Sache, für die sie kämpfen, rechtmäßig ist, erneut der Sache der Freiheit widmen.

KAPITEL VIII.

Donnerstag, 16. Um fünf Uhr nachmittags erhielten wir Marschbefehle mit der Anweisung, „Rucksäcke zu packen" und sofort marschbereit zu sein. Um sechs Uhr nachmittags brachen wir die Zelte ab und marschierten eine halbe Stunde später zusammen mit dem Rest der Brigade in Richtung Boonesboro. Nach einem kurzen Marsch von fünf Meilen schlugen wir um neun Uhr abends auf den Höhen am Ufer des Kentucky River unser Nachtlager auf.

Freitag, 17. Wir verließen unser Lager erst um zehn Uhr morgens, da wir uns wegen der notwendigen Verzögerungen bei der Überquerung des Flusses verspäten mussten. Die Kavallerie, die uns begleitete, begann früh am Morgen mit der Überquerung, und um zehn erhielt das Zwölfte Regiment den Befehl, sich einzureihen. Nach einem Marsch von einer Meile erreichten wir den Flussrand an der Überquerungsstelle, gerade rechtzeitig, um zu sehen, wie die letzte Kavallerie überquerte. Der Fluss war an dieser Stelle etwa fünfzig Ruten breit, und um die Überquerung zu erleichtern, waren zwei Lastkähne vorhanden, in denen jeweils vierzig Mann gleichzeitig Platz fanden, und sie waren so geformt, dass unsere Gespanne an beiden Enden an- oder abfahren konnten. Der Fluss war an dieser Stelle nicht tief, und die Fortbewegung erfolgte durch Schieben mit Stangen.

Bei unserer Überquerung des Kentucky River ereigneten sich einige sehr amüsante Vorfälle. Einige der Gespanne, bestehend aus jeweils einem Regierungswagen und vier Maultieren, waren bereit und setzten gleichzeitig mit unserem Regiment über. Dies geschah, indem man den Lastkahn an Land brachte und das Gespann in den vorderen Teil des Bootes trieb. Der verbleibende Raum wurde mit Soldaten gefüllt. Der Lastkahn wurde hinübergeschoben, und das Gespann wurde, nachdem es mit dem Ende voran gelandet war, losgetrieben. Ein Maultiergespann wird folgendermaßen gelenkt: Der Kutscher sitzt auf dem Maultier mit dem vorderen Rad, benutzt einen Zügel und lenkt sein Gespann mit einigen kleinen Rufen – die nur von Maultierkundigen verstanden werden . Die Lastkahn waren kaum breit genug für die Räder der Kutschen und es erforderte ein beträchtliches Maß an Geschick, um es ohne Unfälle auf- und abzufahren. Während wir eines der Gespanne lostrieben, sprang das Maultier mit dem vorderen Rad, da es bedrängt war, von dem Lastkahn und warf Kopf und Ohren seines Reiters unter Wasser. Als der Mann wieder an die Oberfläche kam, war er bald an Land; und das Maultier konnte nach einigem Zappeln am Ufer Halt finden und der Wagen wurde losgezogen. Soweit wir sehen konnten, war weder dem Maultier noch seinem Fahrer etwas zugestoßen.

Beim nächsten Gespann, das den Fluss überquerte, hoffte der Reiter, vom Unglück des Vordermanns zu profitieren, stieg ab und versuchte, sein

Gespann wegzuführen. Diesmal drängte er sich wieder und eines der Maultiere fiel in den Fluss, mit dem Rücken nach unten, im Geschirr hängend, mit dem Kopf gerade aus dem Wasser. Das sah nach einem verzweifelten Fall von gebrochenen Beinen und Tod durch Ertrinken aus. Nach einiger Anstrengung wurde das Maultier jedoch aus dem Geschirr befreit, der Wagen wurde von den drei Verbliebenen gezogen und das Unglückliche wurde durch die vereinten Anstrengungen eines halben Dutzends Männer schließlich aus dem Fluss gezogen, völlig durchnässt, ansonsten allem Anschein nach ohne jeglichen Schaden.

Unsere Kompanie war die dritte auf der anderen Seite. Wir gingen die Böschung hinauf, eine halbe Meile weiter und ruhten uns dort aus, bis der Rest des Regiments zu uns stieß.

Der Kentucky River wird an dieser Stelle auf beiden Seiten von einer Hügelkette begrenzt, die fast wie Berge aussieht. Als wir uns dem Fluss näherten, boten sich uns viele neue und interessante Szenen, die uns an unsere Reise durch die Alleghenies erinnerten , unsere erste Erfahrung in solchen Bergregionen. Von unserem Lager auf den Höhen, wo wir die Nacht verbrachten, schlängelte sich die Straße zur Fähre an den Seiten der Hügel entlang und durch Schluchten. Auf diese Weise erreichten wir den Fluss durch allmähliches und leichtes Absteigen. Als wir das Lager verließen, verschwanden die schönen Felder, die grünen Hügel und die grasbewachsenen Täler und machten rauen, steilen Hügeln Platz, deren felsige Seiten einen ziemlichen Kontrast zu den Szenen bildeten, die wir hinter uns ließen. Als wir uns dem Fluss näherten, befand sich direkt vor uns und links auf der gegenüberliegenden Seite ein Kalksteinvorsprung, der sich von der Oberfläche des Wassers, das seine Basis umspült, bis zu einer Höhe von 300 Fuß in einer fast senkrechten Linie erhob. Seine Oberfläche war mit Ausnahme von Nähten und *Spalten* glatt und weiß wie Marmor. Dies war eine Annäherung an das Großartige und Erhabene und für uns, die wir solche Szenen nicht kennen, ein wunderschöner Anblick. Den Fluss, der an dieser Stelle, tief in den Hügeln eingebettet, träge dahinfließt, konnten wir erst sehen, als wir an seinem äußersten Ufer waren. An der Kreuzung endet die Straße; und auf der gegenüberliegenden Seite ist das Ende der Straße, die aus der entgegengesetzten Richtung kommt. Als wir an den Fluss kamen, standen auf derselben Seite zwei oder drei Häuser, an die gerade genug Ackerland angrenzte, um einen Garten für die Bewohner zu bilden. Auf der anderen Seite fanden wir weitere Gebäude und in unmittelbarer Nähe der Fähre beträchtliches Ackerland.

Während ich hier war, erfuhr ich, dass wir uns in unmittelbarer Nähe von Daniel Boones Wohnort befanden. Und hier begann die erste Besiedlung Kentuckys durch die Weißen. Ich sah die Stelle, wo er sein Fort errichtet hatte und wo er den Angriffen der Indianer standhalten konnte, die entschlossen waren, ihn aus seiner Einsiedelei zu vertreiben. Ich füllte auch meine Feldflasche an Boone's Spring , die zu Ehren des alten Helden so genannt wurde. Und als ich einen Schluck aus ihrem klaren Wasser nahm, dachte ich daran, wie oft er diesen Ort aus einem ähnlichen Grund besucht hatte, und wunderte mich über den Mut und die Ausdauer des Mannes, der an diesem einsamen Ort, umgeben von feindlichen Indianern, überleben konnte; der allein auf seine eigenen Mittel angewiesen war, sogar für seine eigene Existenz, mit keinem anderen irdischen Rückhalt als seinem eigenen starken Arm, und ich hatte das Gefühl, ich könnte der unerschrockenen Tapferkeit und Ausdauer des Pioniers von Kentucky meine Ehrerbietung erweisen.

Wir machten eine Stunde Pause, damit sich uns der Rest des Regiments anschließen konnte, und begannen dann mit der langsamen und mühseligen Arbeit, die Berge hinaufzusteigen. Es war ein sehr warmer Tag, und obwohl wir oft rasteten, war der Marsch mühsam. Bevor wir den Gipfel erreichten, machten wir Pause, damit der Rest der Brigade nachkommen konnte. Das war etwa um zwei Uhr nachmittags. Wir machten uns wieder auf den Weg, erreichten bald den Gipfel der Berge und kamen wieder in eine Gegend, die genauso schön war wie die, die wir hinter uns gelassen hatten. An der Kreuzung der Flussstraße mit der Lexington und Richmond Pike rasteten wir zwei Stunden. An dieser Stelle zogen General Naglee und sein Stab vor uns vorbei und wählten unseren Lagerplatz für die Nacht aus. Der ausgewählte Platz war etwa drei Meilen von hier und vier Meilen von Richmond entfernt. Wir erreichten ihn um sieben Uhr nachmittags. Um sechs Uhr nachmittags, während wir unterwegs waren, kam das 14. Kentucky-Kavallerieregiment an uns vorbei, staubbedeckt und aussehend wie kriegsgebeutelte Veteranen, was sie auch wirklich sind. Sie haben Erfahrungen mit den Guerillas, die diesen Staat besetzen und die sie mit aller Macht bekämpfen. Sie wirkten entschlossen, und ich bin mir sicher, dass Rebellen, die ihnen in die Hände fallen, in eine schwierige Lage geraten.

Am Samstag, dem 18., brachen wir um sieben Uhr morgens wieder auf, passierten Richmond um zehn Uhr und machten um elf Uhr auf unserem Campingplatz, zwei Meilen weiter, Rast. Auf diesem Boden und in der Nähe wurde am 30. August 1862 die Schlacht von Richmond geschlagen, in der die Unionstruppen besiegt wurden und 150 Tote und 350 Verwundete verloren. General Munson wurde gefangen genommen und General Nelson wurde bei diesem Gefecht schwer verwundet. Die Bäume in der Gegend trugen Spuren des darauf folgenden Kampfes. Viele Äste waren abgerissen und im Stamm eines großen Kirschbaums zählte ich sieben Kugellöcher. Es war ein verzweifelter Kampf gegen eine Übermacht, der Feind war uns zahlenmäßig vier zu eins überlegen. Einer der Jungen brachte, während wir hier waren, eine Granate mit, die er in der Nähe unseres Lagers aufsammelte.

Sie war eine ziemliche Kuriosität und erinnerte an die Zeit, als sie acht Monate zuvor auf ihren mörderischen Auftrag geschickt wurde. Wir hatten es hier angenehm und hatten viel Spaß.

Gleich nach unserer Ankunft hier begannen zwei Marketender , uns zu besuchen, und da es keine Konkurrenz gab, verlangten sie horrende Preise. Als ich eines Tages eine große Menschenmenge um eines der Gespanne sah, ging ich hin. Ich fand den Besitzer damit beschäftigt, Orangen für zehn Cent das Stück und Apfelwein für zehn Cent das Glas zu verkaufen. Äpfel im gleichen Verhältnis. Und während die Soldaten von der Vorderseite des Wagens auslieferten, hatten sie, ohne dass er es wusste, gleichzeitig ein Fass hinten angezapft und machten ein reges Geschäft, indem sie Feldflaschen füllten usw. Kurz darauf hörte ich einen Aufruhr und kam gerade noch rechtzeitig, um zu sehen, wie sein Wagen umgekippt und seine Lebensmittel verteilt wurden. Da ich wusste, dass der andere Marketender im Lager war und Lebkuchen mitbrachte, die 25 Cent für drei Stücke kosteten, etwa so groß wie meine Hand, war ich gespannt, sein Schicksal zu erfahren. Ich musste nicht lange warten, denn bald sah ich, wie eine Seite eines Wagens in die Luft stieg, der Besitzer davon sprang und die Lebkuchen in alle Richtungen flogen. Dies führte tendenziell zu niedrigeren Preisen und seither wurden derartige Gräueltaten nicht mehr begangen, da eine Wiederholung des Experiments nicht notwendig war.

KAPITEL IX.

Wie oft haben wir uns zu Hause, wo wir mit der Mühsal und Sorge des Lebens derer konfrontiert sind, die „ihr Brot im Schweiße des Angesichts verdienen", am Samstagabend, der mit ihm die Arbeit der Woche zu Ende ging, auf einen Ruhetag gefreut. Tausend Meilen von zu Hause entfernt, den Pflug gegen das Schwert, die Ahle gegen das Bajonett vertauscht, angesichts eines verzweifelten Feindes, und die Sache hat sich geändert.

Der Sabbat ist wie zu Hause, aber leider wird er eher „durch Missachtung als durch Einhaltung geehrt" und scheint ein Tag zu sein, der von den Militärbehörden speziell für Kämpfe und Marschfahrten bestimmt wurde. Wir erhielten am Samstag, den 2., Marschbefehle und sollten am nächsten Morgen marschbereit sein. Wie bei uns üblich herrschte am Abend vor einem Marsch alles geschäftig und durcheinander. Einige waren damit beschäftigt, ihre Sachen zu packen, andere unterhielten sich, und jeder musste seine Meinung darüber äußern, wohin wir gehen sollten, wie hoch die Chancen auf einen Kampf waren usw. Ein anderer Teil, der sich sonst selbst verleugnet, gab sich dem Alkohol hin, was zu einem allgemeinen Geschrei führte, das bis in die frühen Morgenstunden anhielt.

In der Nacht vor unserem Marsch von Lexington ging ein Teil der Männer in die Stadt, trank reichlich und einige kehrten mit gefüllten Feldflaschen zurück. Die Folge war eine wilde Nacht, in der kaum geschlafen wurde. Die Männer stritten sich untereinander , und um dem Ganzen die Krone aufzusetzen, besuchte um zwei Uhr morgens einer der Männer aus der benachbarten Kompanie die Kompanie F und übte ein wenig Shillalah . Er schwang nach rechts und links, sehr zum Missfallen eines unserer Männer, der einen Schlag auf den Kopf bekam, der dem Geräusch nach zu urteilen einen Ochsen hätte niederstrecken können. Er wurde *kampfunfähig gemacht* und zum Chirurgen gebracht; und nach dieser heilsamen Lektion hielten es die Jungen für das Beste, still zu bleiben, und wir schliefen ein paar Stunden . Die Lauten der Kompanie F wurden „Löwen" getauft. Der Name stammt ursprünglich aus Camp Casey, wo sie zwei unserer Sibley-Zelte links der Linie besetzten und durch ihr ständiges Heulen die Nacht grauenhaft machten.

Am Samstag, dem 2. Mai, begann bei Einbruch der Nacht der Aufruhr wie üblich. Um zehn ging ich zu Bett. Ich machte bis zwei Uhr morgens abwechselnd ein Nickerchen, wachte auf und schlief. Zu dieser Zeit hatte eine Gruppe vor meinem Zelt eine Auseinandersetzung, die in einer Schlägerei zu enden drohte. Ich dachte, es wäre besser, nachzusehen, was los war. Als ich aus meinem Hotel blickte, sah ich JR, denselben Mann, der in Lexington amtierte, mit erhobener Keule, wie er drohte, sie seinem Gegner, der ihn herausforderte, an die Ohren zu schlagen. Freunde griffen ein und verhinderten, dass es zu Handgreiflichkeiten kam, und nach einer Menge Fluchen und harten Gesprächen, bei denen das ganze Regiment aufgeschreckt wurde, wurden sie getrennt und es kehrte wieder Ruhe ein. Die unmittelbaren Folgen des Gelages dieser Nacht waren für alle in der Person eines unserer Trommler sichtbar, der über seine Kräfte hinaus geübt hatte und am Morgen des 3. leblos in seinem Zelt aufgefunden wurde, nachdem er im Handgemenge „sein sterbliches Leichnam abgestreift" hatte.

Am Morgen des 3. Mai waren wir damit beschäftigt, uns auf den Marsch vorzubereiten, ungeachtet des Sturms, der offensichtlich im Begriff war, über uns hereinzubrechen. Um acht Uhr machten wir uns auf den Weg. Bevor wir das Lager verließen, begann es leicht zu regnen, und nach unserer ersten Rast außerhalb von Richmond um zehn Uhr morgens ging es dann richtig los. Wir eilten weiter und schlugen um ein Uhr nachmittags unser Lager in Point Lick Creek auf, nachdem wir in vier Stunden eine Strecke von 20 Kilometern zurückgelegt hatten. Während des Marsches regnete es zeitweise in Strömen, und wir erreichten das Lager völlig durchnässt. Bald nach unserer Ankunft kam die Sonne heraus, die Wolken verzogen sich, und wir verbrachten einen angenehmen Nachmittag. So hatten wir Gelegenheit, uns im Gras zu wälzen, uns abzutrocknen und in aller Ruhe Zelte aufzustellen. Unser Lager lag an der Straße, die von Richmond nach Lancaster führt, und zwar etwa auf halbem Weg zwischen den beiden Orten. Es war offensichtlich, dass unser Aufenthalt hier nur von kurzer Dauer sein würde, da hier nicht die übliche Sorgfalt beim Aufstellen von Lagern angewandt wurde, sondern unsere Zelte auf alle erdenklichen Arten aufgestellt wurden. Unser General richtete sein Hauptquartier etwa zwanzig Ruten östlich unseres Lagers ein, in der Nähe einer Kirche. Dieses Gebäude war erst vor kurzer Zeit erbaut worden, klein, im modernen Stil, ohne Kirchturm und ähnelte sehr einem Schulhaus in Neuengland.

Von unserer Ankunft hier bis zum Samstag, dem 9., war das Wetter sehr ungemütlich. Es fiel starker Regen und sechs Tage lang waren wir von Wolken und Nebel umhüllt. Aber trotz alledem bekamen unser General und sein Stab häufig Besuch von den Schönen aus Richmond, deren Bekanntschaft sie während unseres kurzen Aufenthalts dort gemacht hatten. Sie kamen in Gruppen von jeweils einem halben Dutzend. Die Kapelle wurde gerufen, um den Schönen ein Ständchen zu bringen, die sich mit unseren Offizieren auf der Grünfläche vor der Kirche aufstellten, sich dem Labyrinthtanz anschlossen und „den leichten, fantastischen Zeh tanzten".

KAPITEL X.

Am Sonntag, dem 10., erhielten wir um drei Uhr morgens erneut den Befehl zum Marsch. Um acht Uhr morgens bewegte sich die Brigade in Richtung Lancaster. Unsere Kompanie wurde diesmal als Nachhut eingesetzt und musste warten, bis alle Teams unterwegs waren. Wir brachen erst um zehn Uhr auf. Der Tag war sehr warm, aber da wir als Wache den Vorteil hatten, oft anhalten zu können, konnten wir bequem marschieren. Um zwei Uhr nachmittags erreichten wir unser Lager. Die Brigade lagerte auf einem Hügel, eine halbe Meile vom Dorf Lancaster entfernt – eine Lage, von der aus man viele Meilen weit über das Land blicken konnte.

Eine Quelle der Unterhaltung, die uns bisher verwehrt blieb, hatten wir hier nun das Privileg, uns ihr hinzugeben. Ein kleiner Teich im selben Bereich wie unser Lager war voller Fische, von denen einige, wenn sie ausgewachsen sind, das enorme Gewicht von einem Viertel Pfund erreichen. Angelhaken und Leinen waren gefragt und Angelausflüge waren an der Tagesordnung.

Das Zwölfte Regiment in weißen Handschuhen, dank der Großzügigkeit unseres Marketenders! – Dreimal Hoch auf HS Patterson! – Am Nachmittag des 18. Mai wurde jeder Mann vor das Zelt seines Ordonnanzoffiziers gerufen und erhielt ein Paar, und bei der Parade wurde das Zwölfte in weiße Handschuhe gehüllt. Einige beriefen sich auf das alte Sprichwort „Mit Handschuhen fängt man keine Mäuse". Andere prophezeiten aufgrund unseres verbesserten Aussehens den baldigen Untergang der Rebellion. Zu dieser Zeit gab es im Regiment viele Fragen darüber, wann unsere Dienstzeit enden würde. Einer unserer Männer behauptete, seine Dienstzeit sei abgelaufen, da seit seiner Einberufung neun Monate vergangen seien, und wollte wissen, wann das Regiment nach Hause aufbrechen würde. Er ging zum Oberst und sprach ihn folgendermaßen an:

„Nun, Colonel, ich schätze, meine Zeit ist abgelaufen."

Der Oberst sagt: „Was werden Sie tun? Gehen Sie jetzt nach Hause oder warten Sie auf die anderen Jungs?"

Der Kerl sagt etwas verlegen: „Ich glaube, ich gehe mit den anderen Jungs nach Hause."

„Nun", sagt der „alte Oberst", „ich denke, das ist besser so; wir gehen alle bald nach Hause."

Der Kerl zog sich zurück, sehr niedergeschlagen über das Ergebnis seines Interviews.

Am 20. Mai wurde uns bei der Parade die Abschiedsrede von General Naglee vorgelesen, der sein Kommando niedergelegt hatte und im Begriff war, nach

Hause zurückzukehren. Er litt an einer Herzkrankheit und war nicht in der Lage, länger im Feld zu bleiben. Er sollte uns am 21. verlassen und lud uns alle ein, ihn zu besuchen. Am Abend des 20. formierte sich bei Sonnenuntergang die Kapelle vor seinem Quartier, begann zu spielen und in kurzer Zeit versammelte sich ein großer Teil der Brigade, um die Abschiedsworte des Generals zu hören. Wir fanden ihn vor seinem Zelt sitzend, gelegentlich aufstehend, um die Offiziere zu grüßen, die in Gruppen aus den verschiedenen Regimentern kamen.

Die Band spielte ein paar Stücke, dann trat der General vor, richtete ein paar Abschiedsworte an sie, nahm sie bei der Hand und verabschiedete sich. Dann wandte er sich an die Soldaten, hielt eine kurze Rede, verabschiedete sich von ihnen und sagte, er würde gerne jedem die Hand schütteln, der vortreten wolle. Die Band spielte „Home, Sweet Home", und am Ende zogen wir uns alle in unsere Quartiere zurück.

Colonel Griffin vom Sechsten New Hampshire übernahm zu dieser Zeit die Nachfolge von General Naglee im Kommando der Brigade.

Am 21. Mai sammelte sich der Feind am Cumberland und besetzte das Südufer des Flusses, wo seine Bewegungen von unseren Truppen genau beobachtet wurden. Einige Tage zuvor war es ihnen gelungen, eine Streitmacht hinüberzuschicken. Dies führte zu einem Kampf, in dem sie zurückgeschlagen und zurückgedrängt wurden. Wir hatten zu dieser Zeit Marschbefehl und hielten uns bereit, kurzfristig loszumarschieren, falls es notwendig sein sollte, Verstärkung zu schicken.

Am 22. Mai erhielten wir um neun Uhr abends den Befehl zum Marsch. Um sieben Uhr am nächsten Morgen war die erste Brigade auf dem Marsch, begleitet von der zweiten, die uns dicht auf den Fersen folgte. Wir nahmen die Straße nach Somerset und genossen bald alle Vorzüge und Annehmlichkeiten eines Marsches an einem heißen, trockenen und staubigen Tag. Um elf Uhr morgens machten wir nach neun Meilen Marsch Halt zum Abendessen. Um halb drei brachen wir wieder auf und schlugen um vier Uhr nachmittags unser Lager in der Nähe von Crab Orchard auf, zwölf Meilen von unserem letzten Lager entfernt, in der Nähe von Lancaster.

KAPITEL XI.

Als wir von Lancaster losmarschierten, teilte mir einer meiner Bekannten, von dem ich aufgrund seines Umgangs mit den Offizieren annahm, dass er unser Ziel kennen könnte, mit, dass wir nur drei oder vier Meilen zu marschieren hätten und in einem Eichenhain lagern sollten. Der Ort war am Tag zuvor von unserem General ausgewählt worden und war in der Tat ein wunderschöner Ort, reich an hervorragenden Wasserquellen und in unmittelbarer Nähe eines Flusses, ein wunderbarer Ort zum Baden usw. Es war ein sehr warmer Tag, und da die Straßen trocken und staubig waren, wurde unser Marsch ungewöhnlich anstrengend, und statt des Eichenhains, der nur vier Meilen entfernt war, mit all seiner wunderschönen Umgebung, marschierten wir zwölf Meilen und fanden uns schließlich in einem Dornendickicht wieder, anderthalb Meilen nördlich des Dorfes Crab Orchard, einem Ort, an dem es, wenn wir von Brombeersträuchern und Polei-Minze absehen, an nichts Grünem mangelte und der von allen möglichen kriechenden Pflanzen übersät war. Am Abend des 25. erhielten wir die Nachricht, dass der Feind sich in der Nähe von Somerset befand und einen Überfall in unsere Richtung starten könnte. Wir wurden angewiesen, wachsam zu sein. Die Kompanie I wurde für zusätzliche Wachpostendienste abkommandiert und alle Vorsichtsmaßnahmen gegen einen Angriff getroffen. Am Nachmittag des 26. um 18 Uhr brach das Zwölfte die Zelte ab und rückte eine halbe Meile hinter das Dorf Crab Orchard vor, zur Unterstützung der Zweiten New Yorker Batterie, die am Abend zuvor auf einem Feld Stellung bezogen hatte, das die Straßen von Mount Vernon und Somerset beherrschte, die hier zusammentreffen. Hier schlugen wir für kurze Zeit erneut unser Lager auf.

Am 1. Juni erhielten wir den Befehl, uns in leichte Marschbereitschaft zu versetzen und uns für einen kurzfristigen Marsch bereitzuhalten. Dementsprechend wurden am Morgen des 2. Juni alle verfügbaren Kisten und Fässer zusammengekratzt und Mäntel und alles andere überflüssige Gepäck gepackt und nach hinten geschickt. Viele der Jungs hatten sich geschmeichelt, dass unsere Kampftage vorbei seien, aber seit diesem letzten Befehl beginnen sie zu glauben, dass das „Ende noch nicht da ist".

Am Abend des 3. Juni hielt unser Oberst bei der Parade eine Rede, in der er dem Zwölften gratulierte und ihnen mitteilte, dass sie aller Wahrscheinlichkeit nach bald wieder die Gelegenheit haben würden, dem Feind auf einem fairen Feld gegenüberzutreten. Er hoffte, das Privileg zu haben, sie wieder anführen zu dürfen, und hatte keinen Zweifel, dass sie sich mit Ehre bewähren und ehrenvoll in den Staat zurückkehren würden, den sie repräsentieren. In einer kurzen Rede von zehn Minuten waren wir alle von der Gewissheit eines bevorstehenden Konflikts beeindruckt, und in unserer

Vorstellung konnten wir fast den Lärm der Schlacht hören und das „blutige Zwölfte", begierig auf den Kampf, in das dichteste Gefecht stürmen und alles vor sich hertreiben sehen. Bald krönt der Sieg unsere Bemühungen, und der Adler, das Emblem unserer Nationalität, steigt vom Himmel herab und thront auf unserem Banner! Unsere Geschichte soll unsterblich werden! Lorbeerkränze umkreisen unsere Stirn! Rosen regnen auf uns herab, und in den wirbelnden Nebeln umgibt uns ein ewiger Heiligenschein des Ruhms. Gerüchten zufolge wollte unser Oberst jedem Mann seines Regiments eine Tunika aushändigen, die etwa einem Metzgerkittel ähnelte. Wir sollten alle anderen Kleidungsstücke wegwerfen und sofort aufbrechen, um den Feind in seinen Festungen zu vernichten. Am Abend des 4. Juni erhielten wir den Befehl, uns am nächsten Morgen um halb fünf marschbereit zu halten. Jeder Mann sollte mit sechzig Schuss Munition und Rationen für acht Tage ausgestattet werden. Am nächsten Morgen um fünf Uhr war das Regiment in Linie aufgestellt, und in fünfzehn Minuten durchquerten wir das Dorf Crab Orchard und nahmen die Lancaster Road, begleitet vom Rest der Brigade. Um zehn Uhr morgens, als wir eine Meile vor Lancaster waren, bogen wir ab und hielten bis halb drei Uhr nachmittags an. Dann wurde allgemein bekannt, dass wir so schnell wie möglich nach Nicholasville marschieren sollten, um dort ein Transportmittel zu einem uns noch unbekannten Ort zu finden. Es gab verschiedene Vermutungen darüber, wohin wir gehen sollten. Wir waren bald davon überzeugt, dass die erste Brigade in Vicksburg eintreffen würde. Dann stellte sich die Frage, ob die Zwölfte sie begleiten oder abkommandiert und unterwegs abgesetzt werden würde.

Um halb drei Uhr nachmittags wurden wir wieder in Linie beordert; um drei passierten wir Lancaster und um sieben erreichten wir „Camp Dick Robinson", nachdem wir einundzwanzig Meilen marschiert waren. Hier schlugen wir unser Nachtlager auf. Der Himmel versprach Regen, daher gaben sich viele von uns Mühe, ihre Zelte aufzustellen. Dies, zusammen mit Kaffeekochen und Abendessen, nahm unsere Zeit bis zehn Uhr in Anspruch. Ungefähr zu dieser Zeit gingen wir zu Bett, um so wenig Ruhe wie möglich zu bekommen, bevor wir um vier Uhr morgens zum „Wecken" gerufen wurden. Zur verabredeten Zeit verkündete uns das Trommeln, dass unsere Schlafenszeit vorbei war. Wir marschierten in Eile auf und hatten kaum Zeit, zu frühstücken und zusammenzupacken, bevor wir in Linie beordert wurden.

Um halb fünf machten wir uns wieder auf den Weg. Um sieben Uhr morgens erreichten wir Pleasant Valley. Hier wurde die Landschaft besonders wild und malerisch, und als wir Hickmans Brücke überquerten, beeindruckte mich die Erhabenheit der Landschaft mehr als alles, was ich je gesehen hatte. In alle Richtungen ragten Hunderte von Fuß hohe Berge über unseren Köpfen auf. Die Brücke ist ein schönes Bauwerk; sie wurde 1836 gebaut, ist vielleicht zweihundert Fuß lang und überspannt den Kentucky River, etwa sechzig Fuß über seinen Wassern. Nachdem wir diese Engstelle verlassen hatten und uns eine Meile von Nicholasville entfernt hatten, erhielt Colonel Griffin eine Nachricht, die uns von der Brigade abtrennte, mit dem Befehl an Colonel Browne, sich in eine andere Richtung zu melden. Zu diesem Zeitpunkt waren wir der Brigade voraus. Wir machten sofort Halt, und als die Brigade vorbeikam, gaben wir jedem Regiment drei Abschiedsrufe und begannen, denselben Weg zurückzugehen. Nachdem wir eine halbe Meile zurückgelegt hatten, zogen wir nach rechts in ein Wäldchen, wo wir die Nacht verbrachten. Um fünf Uhr morgens wurden wir in Linie gerufen und schlugen am zehnten Tag des Junis unser Lager in Somerset auf. Wir waren in sechs aufeinanderfolgenden Tagen unter der glühenden Sonne über hundert Meilen marschiert, mit Rucksäcken, die schwer mit Verpflegung und Munition beladen waren. Jetzt befanden wir uns endlich achtundzwanzig Meilen von Crab Orchard entfernt, dem Ort, von dem wir am 4. Juni aufgebrochen waren. Unser Lager befand sich in einem Wäldchen, eine Viertelmeile westlich des Dorfes, auf einem Gebiet, das Zollicoffer 1861 bewohnte. Hier bereitete er sich darauf vor, den Truppen, die ihn zurückschlagen sollten, Widerstand zu leisten. Es wurden Gräben ausgehoben und große, edle Bäume, die damals gefällt worden waren, lagen dicht auf dem Boden. Sein Schicksal entschied sich am 20. Januar 1862 in Mill Springs.

Während unseres Aufenthalts hier geschah nichts Besonderes. Die meiste Zeit verbrachten wir damit, Fliegen zu bekämpfen, die unser Lager umschwirrten, und versuchten, es uns unter den gegebenen Umständen so bequem wie möglich zu machen. Während unseres Aufenthalts hier war es extrem warm, und die Fliegen schienen entschlossen, uns zu vernichten.

Am 20. Juni erhielten wir mittags erneut Marschbefehle und schlugen um 16 Uhr unser Lager auf den Höhen auf, die die Ufer des Cumberland River bilden, in unmittelbarer Nähe von Stigall's Ferry, sieben Meilen von Somerset entfernt. Da ich den Wunsch verspürte, im Wasser dieses berühmten Flusses zu baden, besuchte ich ihn zu diesem Zweck am nächsten Morgen früh und kehrte gerade rechtzeitig ins Lager zurück, um meinen Platz auf unserem Rückmarsch einzunehmen. Wir erreichten Somerset um 13 Uhr, ruhten uns bis 3 Uhr aus und marschierten dann weiter nach Jamestown, wohin wir beordert worden waren. Wir schlugen für die Nacht unser Lager auf „Logan's Old Fields" auf, wo im Januar 1862 die Schlacht von Mill Springs ausgetragen worden war. Dieser Ort ist neun Meilen von Somerset entfernt, sodass unser Tagesmarsch sechzehn Meilen betrug. Hier trafen wir auf das 32. Kentucky-Regiment unter Oberstleutnant Morrow, das vor uns aus Somerset aufgebrochen war und uns nach Jamestown begleiten sollte. Die beiden

Regimenter sollten unter dem Kommando von Oberst GH Browne, dem ranghöchsten Offizier, stehen.

Am nächsten Morgen um fünf Uhr übernahm das 32. die Führung, unmittelbar gefolgt vom 12. An diesem Tag erreichten wir um acht Uhr abends Shady Creek, wo wir unser Lager aufschlugen, nachdem wir einen Marsch von sechzehn Meilen über die unwegsamsten Straßen, die man sich vorstellen kann, zurückgelegt hatten. Am nächsten Tag um zwölf Uhr morgens passierten wir Jamestown und schlugen in unmittelbarer Nähe unser Lager auf, nachdem wir zehn Meilen über eine Straße marschiert waren, auf der es der Aktivität und dem Einfallsreichtum eines roten Frettchens bedurfte, um uns auf den Beinen zu halten. Am 24. Juni brachen unsere Teams ins sechzig Meilen entfernte Lebanon auf, um Verpflegung zu beschaffen, und es wurde bald klar, dass wir hier nicht untätig bleiben sollten. Unsere Späher meldeten, dass der Feind versuchte, das Cumberland zu überqueren, und unsere gesamte Truppe wurde eingesetzt, um ihn in Schach zu halten. Unser tapferer Oberst ging ins Dorf und schleifte seinen Säbel, bereit zum Hieb und Schlagen. Eine große Truppe wurde drei Meilen weit auf die Straße nach Columbia geschickt, wo unter der Aufsicht unseres Obersten ein einfaches Fort errichtet und besetzt wurde. Truppen wurden in andere Richtungen geschickt, um Bäume zu fällen und die Straßen anderweitig zu blockieren. Außerdem wurde alles vorbereitet, um dem Feind einen herzlichen Empfang zu bereiten.

Am 28. Juni schlossen sich uns die Kavallerie von Colonel Woolford und die Brigade von Colonel Kautz an. Seitdem kam es zu ständigen Scharmützeln mit Morgans Vormarsch. Unser Regiment hatte zu dieser Zeit schwere Einsätze zu bewältigen. Schwere Posten wurden die ganze Zeit über abgestellt; unsere Rationen gingen zur Neige, und was das Ganze noch unangenehmer machte, regnete es jeden Tag ununterbrochen, zeitweise in Strömen. Unsere Teams, die am 28. erwartet wurden, wurden bei ihrer Rückkehr leider durch die Anwesenheit des Feindes in Columbia aufgehalten.

Sie hatten die Green River Bridge passiert, eilten weiter und erreichten fast Columbia, bevor sie sich der Gefahr bewusst wurden. Als sie dies erfuhren, eilten sie sofort wieder über den Green River. Als sie auf eine Truppe von dreißig Mann trafen, die aus dem Libanon geschickt worden waren, um sie zu schützen, beschlossen sie, hier bis zum Morgen Stellung zu beziehen. Im Laufe der Nacht wurde die Brücke von der durch die schweren Regenfälle verursachten Überschwemmung weggeschwemmt. Es blieb ihnen keine andere Möglichkeit, als das Lager auf einem Umweg zu erreichen und den Fluss an einer Furt etwa zwanzig Meilen nördlich zu überqueren. Am 3. Juli, als sie sich 10 Meilen vom Lager entfernt befanden, wurden sie von sechzig oder siebzig Mann Morgans Kavallerie angegriffen. Die Wache zeigte sich der Situation gewachsen, stürzte sich mit großer Wut auf sie, schlug sie zurück, tötete einen und nahm sieben von ihnen gefangen; der Rest konnte entkommen. Kurz darauf erreichten die Teams Jamestown, sehr aufgeregt von ihrer abenteuerlichen Reise. In der Zwischenzeit erwarteten wir einen Angriff und wurden zweimal in Stellung gebracht. Am Morgen des 4. Juli kam eine ziemliche Streitmacht des Feindes dicht auf uns zu; die Signalhaubitzen wurden abgefeuert und der lange Marsch wurde geschlagen. Das Regiment rückte aus, nahm Stellung und wartete auf ihre Annäherung; aber der Feind mied uns. Am Sonntag, dem 5., wurde bekannt, dass Morgan mit seiner gesamten Truppe den Fluss überquert hatte und an uns vorbeigeschlüpft war, und wir wurden nach Somerset zurückbeordert. Um neun Uhr morgens wurden die Vorräte an Bord der Gespanne gebracht und wir nahmen unseren Marsch auf .

Es war ein sehr warmer, schwüler Tag, und die Straßen waren aufgrund der späten Regenfälle in schlechtem Zustand, was unseren Marsch äußerst schwierig machte. Die armen Jungen waren schwer bedrängt, und Zelte und Decken flogen in alle Richtungen. Wir erreichten Russell's Spring und machten dort bis vier Uhr nachmittags Halt. Wir hatten 25 Gefangene bei uns, die Früchte unseres Ausflugs nach Jamestown. Um vier brachen wir auf, als es anfing zu regnen und bis zum Einbruch der Dunkelheit weiterregnete; die meiste Zeit regnete es in Strömen, und wir marschierten acht Meilen mit nur zwei Pausen von jeweils fünf Minuten und schlugen bei Einbruch der Dunkelheit unser Lager eine Meile von Shady Creek entfernt auf, bis auf die Haut durchnässt.

Am nächsten Morgen, dem 6. Juli, warteten wir bis neun Uhr, bis das Team zu uns kam, dann brachen wir wieder auf, marschierten elf Meilen und machten erneut Halt für die Nacht. Am 7. Juli erreichten wir Somerset um sieben Uhr nachmittags.

Am nächsten Tag um fünf Uhr marschierten wir wieder los, *auf dem Weg* nach Hickman's Bridge, über Crab Orchard und Stanford. Wir marschierten sechs Meilen und machten für die Nacht Halt. Am 9. Juli marschierten wir 22 Meilen und erreichten Crab Orchard um acht Uhr abends.

Am nächsten Tag fuhren wir um zehn durch Stanford und machten um elf Uhr eine Meile vor dem Dorf Halt zum Abendessen. Hier wurde unserem Oberst gesagt, er könne sein Regiment mit dem Versorgungszug mitnehmen, der bereit war, nach Hickman's Bridge zu fahren. Unser Oberst nahm das Angebot an und nach einer halben Stunde waren wir an Bord und auf dem Weg, sehr zur Erleichterung der leidenden, wundfüßigen Mitglieder des Rhode Island „Itinerant" Regiment. Der Zug machte Halt am Dick River und wir stiegen ab und schlugen unser Lager auf. Am nächsten Tag, dem 11. Juli, stiegen wir um ein Uhr an Hickman's Bridge ab, marschierten den Hügel hinauf und machten um zwei Uhr nachmittags Halt bei General Burnsides Hauptquartier, um Befehle abzuholen. Hier blieben wir bis neun Uhr morgens am 12. Juli, als wir den Befehl erhielten, uns in Cincinnati zu melden. Dann marschierten wir nach Nicholasville, stiegen um zwei Uhr nachmittags in den Zug und kamen um elf Uhr abends in Covington an.

Am 13. um 7 Uhr überquerten wir den Ohio, stapelten unsere Waffen vor dem Fifth Street Market House und warteten dort auf das Frühstück. Hier erfuhren wir, dass der allgegenwärtige Morgan sich nur wenige Meilen von der Stadt entfernt befand und vorrückte. Um 10 Uhr sollte in der Stadt das Kriegsrecht in Kraft treten. Die Kompanien bewaffneten und formierten sich, und bald erfuhren wir, dass nur die Anwesenheit des Zwölften Rhode Island Volunteers die Stadt vor der völligen Zerstörung retten würde. Diese erfreuliche Information erfuhren wir nach dem Abendessen, als wir uns abmühten, den Vine Street Hill zu einem neuen Lager hinaufzusteigen, wo wir noch ein paar Tage bleiben sollten. Das waren traurige Neuigkeiten und einige der Jungen waren ziemlich randalierend deswegen, da ihnen natürlich der Gedanke kam, ob die gleiche Notwendigkeit nicht in Bungtown oder anderswo bestehen könnte. Übrigens war die Dienstzeit, für die unser Regiment einberufen worden war, bereits abgelaufen; und die Twelfth Rhode Island Volunteers hatten, müde und erschöpft, gehofft, dass wir endlich auf dem Weg nach Hause wären.

Es war in der Tat entmutigend für viele von uns, die erwartet hatten, dass bei unserer Ankunft hier nichts passieren würde, was unsere Reise unterbrechen könnte. Wir hätten nicht gedacht, dass selbst hier in Ohio die Anwesenheit von John Morgan es für uns notwendig machen würde, uns erneut zu versammeln. Etwa zu dieser Zeit tobten auch die Unruhen in New York, und die Behörden hatten gewisse Befürchtungen, dass es in Cincinnati zu ähnlichen Demonstrationen kommen könnte. Dies reichte aus, um uns aufzuhalten, und an der Kreuzung der beiden Straßen am Mount Auburn errichteten die Zwölften Rhode Island Volunteers am Nachmittag des 13. Juli ihr Lager, und am selben Abend erleuchtete der „furchterregende John" es, indem er eine Brücke drei Meilen von uns entfernt niederbrannte.

Am Sonntag, dem 19., wurden wir nach Eintreffen der Verstärkung abgelöst und um sieben Uhr morgens verließen wir Cincinnati in Richtung Rhode Island, wo wir am 29. Juli 1863 aus dem Dienst der Vereinigten Staaten entlassen wurden. Die Einzelheiten unserer Reise sowie unseres Empfangs in Providence kopiere ich aus der „Providence Evening Press" vom 22. Juli, an deren Ende der Befehl angehängt ist, den General Burnside dem Regiment in Anerkennung unserer Verdienste erteilte, als wir sein Departement verließen.

RÜCKKEHR DES ZWÖLFTEN REGIMENTS.

Dieses edle Regiment ist heute von seinem anstrengenden und langwierigen Einsatz im Kriegsgebiet nach Hause zurückgekehrt. Angesichts der ungewöhnlichen Härte und Belastung, der es ausgesetzt war, der wichtigen Aufgaben, die es zu erfüllen hatte, und der schweren Verluste, die es bei der Verteidigung des Landes erlitten hatte , war es höchst angemessen, es mit Demonstrationen zu empfangen, die das Interesse der Bevölkerung an allem zum Ausdruck brachten, was unsere tapferen Soldaten betrifft.

Die Leistungen dieses Regiments sind mit denen jedes anderen neunmonatigen Regiments, das während des Krieges im Einsatz war, vergleichbar. Neben langen und häufigen Märschen verbrachten sie sieben Monate ihrer Zeit an der Front, wo sie Gefahren ausgesetzt waren und die ihnen auferlegten Pflichten ihre gesamte Energie bis zum Äußersten beanspruchten.

Das Regiment verließ Cincinnati am Sonntagmorgen und reiste mit der Erie Railroad nach Dünkirchen und von dort nach New York, wo es gestern Morgen um elf Uhr ankam. Gegen ein Uhr brachen sie mit dem Dampfer Commodore nach Providence auf und kamen gegen vier Uhr ein kurzes Stück unterhalb von Nayatt an , wo sie vor Anker gingen. Sie erreichten die Stadt kurz darauf und landeten gegen sieben Uhr. Die Marineartillerie feuerte Salut ab.

Das vierte und sechste Regiment der Rhode Island Miliz waren in der Benefit Street aufgestellt, um die heimkehrenden Veteranen zu empfangen, und jubelten ihnen lautstark zu, als sie die offenen Linien durchquerten. Eine Menge erwartungsvoller Freunde, die sich am Point versammelt hatten, versammelte sich sofort um die tapferen Jungen, und der kurze Halt wurde durch den Austausch herzlichster Grüße aufgewertet.

Gegen acht Uhr wurde die Marschlinie in folgender Reihenfolge aufgestellt:

Amerikanische Blaskapelle.

Trommelkorps.

Abteilung der Marineartillerie.

Sechstes Regiment, RIM, Oberst James H.
Armington .

Trommelkorps.

Viertes Regiment, RIM, Oberst Nelson Viall.

Trommelkorps.

Zwölftes Regiment, RIV, Oberst George H. Browne,

Oberstleutnant James Shaw, Jr., Major Cyrus G. Dyer,

Adjutant Matthew N. Chappell.

Kompanie B, Kapitän James M. Longstreet, Leutnants Albert W.

Delanah und Charles A. Winchester.

Kompanie I, Kapitän George A. Spink , Leutnants Munson H. Najac

und John H. Weaver.

Kompanie F, Kapitän William E. Hubbard, Leutnants William H.

King und Francisco Ballou.

Kompanie K, Kapitän Oscar Lapham, Leutnants Edmund W. Fales

und Charles H. Potter.

Co. E, (Farbkompanie), Capt. John J. Phillips, Lieuts .

Luther Cole, Jr., und Edward V. Wescott .

Kompanie D, Kapitän John P. Abbott, Leutnants George H. Tabor

und Henry M. Tillinghast .

Kompanie H, Kapitän Oliver H. Perry, Leutnants Arnold F. Salisbury

und JN Williams.

Kompanie A, Kapitän Christopher H. Alexander,
Leutnants Edward

F. Bacon und Joseph C. Whiting, Jr.

Kompanie G, Hauptmann William C. Rogers,
Leutnants James A. Bowen

und Fenner H. Peckham, Jr.

Kompanie C, Kapitän James H. Allen, Leutnants
George Bucklin und

Beriah G. Browning.

Quartiermeister: John L. Clarke; Chirurg: Benoni Carpenter; Assistenzchirurg: Samuel M. Fletcher; Kaplan: SW Field.

Die Nachhut bestand aus zwanzig Mann aus allen Kompanien.

Die Prozession marschierte auf der üblichen Route zum Exchange Place, wo die Männer ihre Waffen aufstapelten und allgemeines Händeschütteln und Glückwünsche an der Tagesordnung waren.

Marschroute hingen Fahnen , überall wehten Taschentücher, und Blumensträuße und Kränze wurden großzügig verstreut. Die Regimenter, die Eskortedienst leisteten, waren in sehr vollen Reihen erschienen und gaben eine äußerst wirkungsvolle Demonstration ab. In Howard Hall wurde für die Truppen ein feines Mahl bereitgestellt, serviert von LH Humphreys. Über die gesamte Länge des Raumes verteilten sich acht Tische, die mit den annehmbarsten Speisen ordentlich gedeckt waren und einen höchst fröhlichen und einladenden Eindruck machten. Die Offiziere der Regimenter wurden auf der Bühne bewirtet. Ungefähr zweitausend Teller waren gedeckt, und alle drei Regimenter waren reichlich versorgt.

Der Reverend Dr. Swain, Kaplan des Sechsten Regiments, sprach den Segen für das Mahl, woraufhin Seine Exzellenz Gouverneur Smith vortrat, das Regiment auf freudige Weise im Staat willkommen hieß und ihm für die Dienste dankte, die es vor Ort geleistet hatte.

Colonel Browne antwortete im Wesentlichen wie folgt:

„In meinem eigenen Namen und im Namen der Offiziere und Soldaten unter meinem Kommando danke ich Ihnen für die freundliche Art und Weise, in der Sie so freundlich über uns gesprochen haben. Neben der Zustimmung unseres eigenen Gewissens schätzen wir die Zustimmung derer, die wir lieben, am meisten. Diese Zustimmung unseres Gewissens genießen wir. Seit wir diesen Staat verlassen haben, haben wir uns im Rahmen unserer Möglichkeiten bemüht, seine Ehre aufrechtzuerhalten und uns für die Niederschlagung der Rebellion einzusetzen. Wir schätzen diesen Empfang als Beweis Ihrer Zustimmung.

„Ihre lobenden Worte zeigen, dass unsere Leistungen nicht verlustig gegangen sind. Dennoch möchte ich kurz auf einige Fakten unserer Regimentsgeschichte eingehen. Wir haben über 3.500 Meilen zurückgelegt, davon 500 zu Fuß. Dabei trugen wir buchstäblich die Häuser, in denen wir lebten, die Vorräte, von denen wir sechs oder sogar acht Tage leben mussten, und die Waffen, mit denen wir uns verteidigen und dem Feind entgegentreten mussten.

„Auf dem Schlachtfeld von Fredericksburg verloren meine Männer 109 ihr Leben. Später, als die Pest das Lager heimsuchte und sie unter Not und Entbehrung litten, wurden innerhalb von nur drei Wochen 120 weitere dahingerafft; nicht alle davon gingen ins stille Grab, denn einige liegen noch immer in Krankenhäusern.

„Aber dank der ständigen Bemühungen meiner Offiziere, Sauberkeit und Disziplin im Lager aufrechtzuerhalten, können wir heute glücklicherweise über siebenhundert von denen, die mit mir von Washington bis an die Ufer des Rappahannock marschierten, zu unseren Freunden zurückbringen.

„Unsere Pflichten waren von sehr unterschiedlicher Art. Aber durch sie alle hat die gleichbleibende Güte des Staates zu allen Zeiten über uns gewacht. Während wir im Lager waren, wo uns die Pest heimsuchte und Not uns leiden ließ, brachte uns Ihr gutes Schiff Elizabeth und Helen die dringend benötigten Vorräte; und wenn Ihre Großzügigkeit unseren Rücken belastete, so erleichterte sie doch sicherlich unsere Herzen und munterte uns auf dem mühsamen Marsch auf.

„Lassen Sie mich abschließend Ihnen, den Offizieren in Ihrer Umgebung und allen unseren Bürgern gratulieren, dass wir zu einer Zeit nach Hause kommen, in der alles so erfreulich und erfolgreich ist. Meine Herren, noch neun kurze Monate, und Sie werden dieses Land als wiedervereintes Land erleben – eine mächtige Nation, deren Waffen für jeden Bürger ein besserer Schutzschild sein werden als Rom in seinen stolzesten Tagen.“

Nach Abschluss der Kollation wurden die Soldaten entlassen. Das Zwölfte Regiment wurde angewiesen, sich am kommenden Mittwoch um 10 Uhr morgens wieder in dieser Stadt zu versammeln.

Hauptquartier, Ohio-Department,
Cincinnati, Ohio, 17. Juli 1863.

Allgemeine Anordnungen, Nr. 115.

Zum Abschied des 12. Rhode Island Volunteers-Regiments nach Ablauf ihrer Dienstzeit möchte der kommandierende General sein Bedauern darüber zum Ausdruck bringen, dass er sich von den Soldaten verabschiedet, die in ihrer kurzen Dienstzeit zu Veteranen geworden sind. Nachdem sie große Härten und Gefahren erlebt haben, werden sie mit der stolzen Genugtuung zurückkehren, dass der Ruf ihres Staates in den Reihen der Verteidiger ihres Landes nicht unter ihnen gelitten hat.

Auf Befehl von Generalmajor Burnside.

LEWIS RICHMOND,
stellvertretender Generaladjutant.

DAS ENDE.

www.ingramcontent.com/pod-product-compliance
Lightning Source LLC
LaVergne TN
LVHW041745190726
843493LV00008B/2457